Udo W. Kliebisch / Roland Meloefski

LehrerAlltag

Pädagogik für die Praxis

Schneider Verlag Hohengehren GmbH

Umschlagbild: © Veit Mette, Bielefeld

Die Autoren

Dr. Udo W. **Kliebisch**, Jahrgang 1955, Studiendirektor (Pädagogik, Philosophie, Deutsch, Ev. Religion), Heinrich-von-Kleist-Gymnasium Bochum, Hauptseminar- und Fachseminarleiter (Pädagogik) am Studienseminar für Lehrämter an Schulen – Dortmund II (Seminar Gymnasium / Gesamtschule) –, psychologisch ausgebildeter Beratungslehrer, KODE©-, KOMO©- und LIFO©-Trainer and -Analyst
Wichtigste Veröffentlichungen: 15 Vertretungsstunden. Endlich ohne Vorbereitung in den Unterricht. Baltmannsweiler 2001; Methodentrainer für die Sekundarstufe I. Berlin 2001 (zus. mit K. H. Basten und P. Schmitz); Besser beraten! Gespräche mit Eltern, Schülern und Kollegen. Lichtenau 2005 (zus. mit P. Schmitz); LehrerSein. Pädagogik für die Praxis. 3. Aufl. Baltmannsweiler 2007 (zus. mit R. Meloefski)

Roland **Meloefski**, Jahrgang 1939, Studiendirektor (Physik, Chemie, Biologie, Erziehungswissenschaft), Helmholtz-Gymnasium Essen, Hauptseminar- und Fachseminarleiter (Chemie) am Studienseminar für das Lehramt für die Sekundarstufe II/I (Seminar Gymnasium / Gesamtschule) Essen, Mitglied des Prüfungsamtes für Erste Staatsprüfungen für Lehrämter an Schulen – Essen
Wichtigste Veröffentlichungen: LehrerSein. Pädagogik für die Praxis. 3. Aufl. Baltmannsweiler 2007 (zus. mit U. Kliebisch); Aufsätze zur Allgemeinen Didaktik und zur Fachdidaktik Chemie, Schulbücher SI und SII (Cornelsen-Verlag, Dümmler-Verlag) und Lehrer-Unterrichtshandbücher Chemie (Aulis-Verlag)

Gedruckt auf umweltfreundlichem Papier (chlor- und säurefrei hergestellt).

Bibliografische Information der Deutschen Nationalbibliothek

Die Deutsche Nationalbibliothek verzeichnet diese Publikation in der Deutschen Nationalbibliografie; detaillierte bibliografische Daten sind im Internet über ›http://dnb.d-nb.de‹ abrufbar.

ISBN-13: 978-3-8340-0202-0

Schneider Verlag Hohengehren, 73666 Baltmannsweiler

„Wer lächelt,

statt zu toben,

ist immer

der Stärkere."

(Japanische Weisheit)

Hinweise

Soweit in diesem Buch für bestimmte Funktionen und Rollen (z. B. Lehrer / Schüler / Kollegen / Ausbilder / Teilnehmer) nur männliche Formen verwendet werden, sind die weiblichen stets mitgemeint.

Das Buch enthält zahlreiche Arbeitsanregungen. Lösungen zu diesen Aufgaben enthält es nicht. Im pädagogischen Raum gibt es nicht die Lösung schlechthin, die eine Frage abschließend klärt. Die Arbeitsanregungen fordern heraus, sich mit der Aufgabe auf individuelle Weise zu beschäftigen; sie sollen zur Diskussion anregen. Das Gefühl für die Unvollständigkeit der individuellen Lösung ist dabei durchaus beabsichtigt, da es hellhörig machen kann dafür, im Angesicht neuer Bedingungen weiter nach Lösungen zu suchen und Probleme und Fallsituationen aufs Neue zu bedenken. Außerdem soll der Leser ermutigt werden, bei Bedarf weitere Literatur hinzuzuziehen, um seine Fach- und Handlungskompetenz zu erhöhen.

Vorwort

LehrerAlltag – Alltag von Lehrerinnen und Lehrern: Dieser wird hier von zwei profunden Kennern der Materie in den Blick genommen. Dabei besteht die Zielgruppe des vorliegenden Handbuchs, das eine sinnvolle und wichtige Ergänzung des Buches *LehrerSein* derselben Autoren darstellt, einerseits in den jungen Kolleginnen und Kollegen; diese haben sich auf den Weg gemacht, im Rahmen ihres Vorbereitungsdienstes ein professionsspezifisches Handlungswissen aufzubauen und zu erweitern, um diesem Alltag standhalten und seinen Anforderungen gerecht werden zu können. Andererseits wendet sich das Buch auch an die „gestandenen" Profis, die Tag für Tag, eben alltäglich, mit ebendiesen Herausforderungen zu ringen haben. Lehramtsanwärterinnen und -anwärter sind diesem Alltag aufgrund veränderter Rahmenbedingungen von Lehrerausbildung zunehmend ausgesetzt, werden sie doch in bedarfsdeckendem Unterricht selbstständig tätig und dadurch mit entsprechenden Rechten und Pflichten in die Lehrerkollegien integriert.

Alltag wird in diesem Buch freilich nicht allein als eine Lebensrealität verstanden, die von Routine, Wiederholung, wiederkehrenden Automatismen, ja gar von „Trott", Langeweile und Überdruss gekennzeichnet ist. Alltag bezeichnet daneben auch eine komplexe Wirklichkeit voller Herausforderungen, lebendige Vielfalt, mit all den damit verbundenen Chancen und Problemen, zu denen auch Stress gehören kann. Alltag muss gelebt, zuweilen „ausgehalten", muss bewältigt, gemeistert, im besten Falle aber eben auch sinnstiftend und entlastend gestaltet werden, um nicht in ihm unterzugehen, zu „ersticken", von ihm „gefrustet" zu werden. Dazu bedarf es eigenen Bemühens, eigener Kraft, eigener gedanklicher Durchdringung, aber auch der Anregung, Unterstützung, Hilfe von anderer Seite. Letzteres bietet das vorliegende Werk: Es zeigt einerseits Möglichkeiten der gestaltenden und der entlastenden Bewältigung von Alltag und andererseits Möglichkeiten eines professionellen Umgangs mit den spezifischen Anforderungen des Systems Schule als beruflichem Handlungsfeld. Aus der Sicht der Autoren müssen Lehrerinnen und Lehrer die Ansprüche der beiden Bereiche ausbalancieren. Die Bewältigung dieses Problems erfolgt auf der Grundlage von fachlichem, wissenschaftlich fundiertem Wissen und auf der Grundlage einer Planung im Sinne einer kompetenten Theorie-Praxis-Verschränkung, die auch das eigene Selbst bedenkt. Erst diese Theorie-Praxis-Verschränkung macht den notwendigen Erwerb professionellen Handlungswissens möglich, und sie unterscheidet sich durch ihre Reflexivität von der bloßen Anwendung pragmatischer Bewältigungsstrategien und Handlungskonzepte.

Diesem Anliegen widmen sich die Autoren anhand von fünf meines Erachtens zentralen Handlungsfeldern, die eine professionelle Entlastung des beruflichen Alltags von Lehrerinnen und Lehrern ermöglichen: Formen kooperativen Lernens, Umgang mit Unterrichts- und Verhaltensstörungen sowie Konflikten in der Schule, Bewältigung von Stress, Zeit-Management.

Das Foto auf dem Einband lässt erkennen, wozu dieses Buch dient und was es vermag: Den Blick zu schärfen für einen komplexen, hinsichtlich seiner Anforderungen häufig diffus wirkenden Alltag, dessen Konturen nun wie durch eine Brille gesehen und erfasst werden können. Auf dieser Grundlage ist Bewältigung im angesprochenen Sinn erst möglich.

Das Buch bietet dazu aktivierende Übungen und Reflexion ermöglichende Aufgaben, die besonders auf konkrete Erfordernisse der Lehreraus- und -fortbildung bezogen sind. So legen die Autoren mit großer Sensibilität für die berufliche Praxis ein wichtiges Handbuch vor sowohl für die gemeinsame Arbeit im Studienseminar als auch für die individuelle Auseinandersetzung und das persönliche Training in den behandelten Bereichen. In diesem Sinne gilt: Der Alltag kann kommen; denn wir haben dieses Buch.

Siegen, im November 2006

Dr. Peter Hibst
(Leiter Studienseminar für Lehrämter an Schulen, Siegen)

1. Kooperatives Lernen

„Es ist Menschen egal,
wie viel wir wissen, bis sie wissen,
dass sie uns nicht egal sind.“
(Norm und Kathy Green)

1.1. Fragebogen zum kooperativen Lernen

Mit dem folgenden Fragebogen können Sie eine Selbsteinschätzung darüber vornehmen, welche Kenntnisse über kooperatives Lernen Sie haben und wie Sie diese bisher in die Praxis umsetzen. In der rechten Spalte des Antwortrasters können Sie Aspekte / Gedanken / Assoziationen notieren, die Ihnen zu dem jeweiligen Item einfallen.

Und hier die Testaussagen:

1. In meinem Unterricht sitzen die Schüler während der Gruppenphasen nah beieinander und können sich direkt anschauen.

Ja	Nein	Teilweise	Das fällt mir dazu ein ....

2. Ich habe in meinem Unterricht Gruppentische eingeführt.

Ja	Nein	Teilweise	Das fällt mir dazu ein ....

3. Meine Schüler gehen nach dem Beginn einer Gruppenphase selbstständig und ohne Lärm in ihre Arbeitsgruppen.

Ja	Nein	Teilweise	Das fällt mir dazu ein ....

4. Meine Schüler kennen die Technik des aktiven Zuhörens.

Ja	Nein	Teilweise	Das fällt mir dazu ein ....

5. Meine Schüler wenden die Technik des aktiven Zuhörens in Gruppen- und Plenumsphasen an.

Ja	Nein	Teilweise	Das fällt mir dazu ein ....

6. Während der Gruppenarbeit hören meine Schüler einander zu und gehen sachlich aufeinander ein.

Ja	Nein	Teilweise	Das fällt mir dazu ein ....

7. Ich sorge im Unterricht für Transparenz.

Ja	Nein	Teilweise	Das fällt mir dazu ein ....

8. Ich thematisiere mit meinen Schülern die Arbeitsweisen in den Gruppen.

Ja	Nein	Teilweise	Das fällt mir dazu ein ....

9. In meinem Unterricht übernehmen Schüler auch Aufgaben des Lehrers.

Ja	Nein	Teilweise	Das fällt mir dazu ein ....

10. Meine Schüler kennen Strategien, konstruktiv mit Konflikten umzugehen.

Ja	Nein	Teilweise	Das fällt mir dazu ein ....

11. Ich leite die Lerngruppen an, Konflikte selbstständig zu lösen.

Ja	Nein	Teilweise	Das fällt mir dazu ein ....

12. Gruppenarbeit ist nur dann sinnvoll, wenn jedes Gruppenmitglied sich jederzeit für die gemeinsame Arbeit verantwortlich fühlt.

Ja	Nein	Teilweise	Das fällt mir dazu ein ....

13. Ich habe ein großes Repertoire an schüler- und gruppenorientierten Arbeitsformen und wende diese auch an.

Ja	Nein	Teilweise	Das fällt mir dazu ein ....

14. Durch ein geeignetes Vorgehen habe ich dafür gesorgt, dass jedes Mitglied der Arbeitsgruppen eine besondere Aufgabe erfüllt und so Verantwortung für die Gruppe übernimmt.

Ja	Nein	Teilweise	Das fällt mir dazu ein ....

15. Meine Schüler arbeiten in Gruppenphasen zielgerichtet und lassen sich von äußeren Einflüssen nicht ablenken.

Ja	Nein	Teilweise	Das fällt mir dazu ein ....

16. Kooperatives Lernen ist eine mögliche Arbeitsform neben anderen.

Ja	Nein	Teilweise	Das fällt mir dazu ein ....

17. Ich kann konkrete Ziele benennen, die ich mit kooperativem Lernen erreichen möchte.

Ja	Nein	Teilweise	Das fällt mir dazu ein ....

18. Ich teile die Arbeitsgruppen durch ein Zufallsprinzip ein.

Ja	Nein	Teilweise	Das fällt mir dazu ein ....

19. Ich bestimme durch ein Zufallsprinzip, welches Gruppenmitglied die Arbeitsergebnisse vorstellen muss.

Ja	Nein	Teilweise	Das fällt mir dazu ein ....

20. Ich fühle mich sicher in der Leistungsbeurteilung kooperativer Arbeitsphasen.

Ja	Nein	Teilweise	Das fällt mir dazu ein ....

21. Ich fühle mich in vielen Unterrichtsstunden selbst als Lernender.

Ja	Nein	Teilweise	Das fällt mir dazu ein ....

22. Ich evaluiere auf verschiedene Weise die Effektivität der kooperativen Arbeitsphasen und nutze die Ergebnisse der Evaluation zur Verbesserung meiner Vorgehensweise.

Ja	Nein	Teilweise	Das fällt mir dazu ein ....

23. Ich kalkuliere die Arbeitszeit für die Gruppenphase möglichst knapp.

Ja	Nein	Teilweise	Das fällt mir dazu ein ....

24. Nach Ablauf der vorgegebenen Arbeitszeit beende ich die Gruppenphase auch dann, wenn nicht alle Gruppen bis dahin ihr Ergebnis fertig stellen konnten.

Ja	Nein	Teilweise	Das fällt mir dazu ein ....

25. Für mich endet Gruppenarbeit nicht mit dem Ende der Gruppenphase.

Ja	Nein	Teilweise	Das fällt mir dazu ein ....

Auswertungsbogen

Tragen Sie jetzt Ihre Antworten in den Auswertungsbogen ein. Je häufiger Sie mit „Ja" geantwortet haben, desto mehr wissen Sie über kooperatives Lernen und desto häufiger wenden Sie es erfolgreich an. Gehen Sie daher den Items noch einmal nach, die Sie mit „Nein" oder „Teilweise" beantwortet haben. Diskutieren Sie Ihre Ergebnisse in einer Gruppe mit Kolleginnen und Kollegen..

Nr.	Ja	Nein	Teilweise
1			
2			
3			
4			
5			
6			
7			
8			
9			
10			
11			
12			
13			
14			
15			
16			
17			
18			
19			
20			
21			
22			
23			
24			
25			

1.2. Grundlagen des kooperativen Lernens

Der Begriff ***Kooperatives Lernen*** wird nicht einheitlich verwendet. Man findet alternativ dafür etwa auch die Ausdrücke *Gruppenunterricht* oder *Arbeit in Gruppen*. Grundsätzlich geht es bei dem Konzept um **effektive (Klein)Gruppenarbeit**. Dafür ist es nötig, dass die Lernenden die Bedeutung der Zusammenarbeit in den Kleingruppen erfahren und verstehen. Lernpsychologisch baut kooperatives Lernen auf diese Tatsache: Die Erarbeitung von Wissen und die Anwendung gelernten Wissens in Form des interaktiven Vermittelns der gewonnenen Erkenntnisse erhöht für die Beteiligten die Wahrscheinlichkeit, das Gelernte zu behalten. Während von einem Lehrervortrag meistens nur 5% der Informationen langfristig behalten werden, wird von und bei eigenem Unterrichten der Lerngruppe fast alles behalten. Sharan / Shachar (1988) konnten empirisch zeigen, dass Schüler sowohl hoher als auch niedriger sozialer Herkunft nachhaltig von den Auswirkungen des kooperativen Arbeitsstils profitieren. Gerade bei Schülern aus unteren Schichten **steigt der Lernerfolg** durch kooperative Arbeitsformen besonders, und zwar bis zu einem Faktor von 2,5.

Die interaktive Struktur kooperativer Lernphasen führt zu einem gemeinsamen forschend-entdeckenden Lernen der Schüler. Der durch den Unterrichtsprozess initiierte kognitive Konflikt bleibt hier nicht beim Einzelnen, sondern wird durch die Teamsituation multiperspektivisch erlebt und aufgearbeitet. Die Schülergruppe kennt (zumindest theoretisch) keine Hierarchien; so ist im Grundsatz eine **symmetrische Kommunikation** möglich: Jedes Teammitglied darf alles sagen, was ihm zur Sache und im Blick auf den Arbeitsprozess wichtig ist. Entscheidend für die Bewertung der tatsächlichen Bedeutung einer Meinung, Behauptung oder Vermutung wird so das rationale Argument von gleichberechtigten Gesprächspartnern. In diesem Sinne repräsentiert kooperatives Lernen eine Lern-, Arbeits- und Kommunikationskultur, die dem Grunde nach **teamorientiert und demokratisch** ist und zugleich das Demokratieverständnis der Heranwachsenden praktisch fördert.

Historisch bezieht sich das Konzept des kooperativen Lernens u. a. auf:

- John Dewey (2000), der die Bedeutung eines demokratischen Erziehungsverständnisses für die Entwicklung einer demokratischen Gesellschaft untersuchte.

- Kurt Lewin (1939), der durch seine Untersuchungen von Führungsstilen der Debatte um die Leiterrolle in Gruppen interessante Impulse verlieh.
- Morton Deutsch (2000), der sich mit Möglichkeiten der Konfliktlösungen in Arbeitsgruppen beschäftigte.
- Ruth Cohn (2004), deren Konzept der Themenzentrierten Interaktion (TZI) auch die psychologischen Prozessen in Gruppen berücksichtigte.

In einem weiteren Schritt wurden diese Konzepte **auf den Schulbereich übertragen**; hierfür stehen Namen wie R. und A. Tausch (1998), G. Stanford (2002) und H. Meyer (2005). Norm und Kathy Green (2005) schließlich wandten das kooperative Lernen zunächst in Kanada erfolgreich an und vermitteln es seit 1996 auch in Europa, u. a. in Deutschland.

⇨ ***Bevor Sie weiterlesen:***

- Informieren Sie sich über die Führungsstil-Debatte (Lewin / Lippit / White 1939).
- Beschreiben Sie die Funktion der Leiterrolle im Rahmen einer (nach Lewin et al.) demokratisch geführten Gruppe.
- Beurteilen Sie die Möglichkeiten einer solchen demokratischen Leiterrolle in der Institution Schule, wie Sie sie erleben.

Kooperatives Lernen stützt sich auf **fünf Grundelemente**, die bei der Anwendung durch den Lehrer maßgeblich sind:

1.2.1. Positive Abhängigkeit (Positive interdependence)

⇨ *Worum geht es?*

Gruppenarbeit wird vom Lehrer inhaltlich so strukturiert, **dass die Gruppenmitglieder ihre eigenen individuellen Lernergebnisse in die Gruppe einbringen *müssen***. Erst dadurch kann das Gruppenergebnis zustande kommen (Slavin 1995). Green / Green (2005, 77) nennen neun **Formen der positiven Abhängigkeit**:

- Ziel: Es gibt eine gemeinsame Arbeitsrichtung.
- Belohnung: Jeder erhält dieselbe positive Bewertung, wenn alle gut sind.
- Äußerer Einfluss: Jede Gruppe konkurriert mit einer anderen.
- Reihenfolge: Komplexe Aufgaben werden in Teilaufgaben zerlegt.
- Umgebung: Gruppentische führen zu räumlicher Abhängigkeit.
- Rolle: Jedes Gruppenmitglied ist für das Erreichen des Ziels nötig.
- Identität: Eine Gruppe schafft sich eine spezifische Identität.
- Simulation: Eine Gruppe spielt und bearbeitet eine fiktive Situation.
- Ressourcen: Jede Gruppe erhält die gleichen Materialien.

⇨ *So funktioniert es:*

Eine klassische Methode des kooperativen Arbeitens und Lernens heißt **Think-Pair-Share (TPS)**. Hierbei werden Einzel-, Partner- und Gruppenarbeit so hintereinandergeschaltet und vernetzt, dass dadurch die angestrebte positive Abhängigkeit der Gruppenmitglieder entsteht. Positiv abhängig werden die Gruppenmitglieder bei diesem Verfahren mindestens im Blick auf

- das gemeinsame Ziel: Die Konstruktion der Arbeitsaufgabe erfordert die Beteiligung jedes Gruppenmitglieds, wenn das Ziel erreicht werden soll.
- eine mögliche Belohnung (Note): Der Lehrer bewertet dann jedes Gruppenmitglied gleich positiv, wenn alle übrigen Gruppenmitglieder erfolgreich sind.
- den äußeren Einfluss: Jede Gruppe konkurriert mit jeder anderen.
- die Rolle: Die Aufgabe jedes Gruppenmitglieds ist auf die der anderen Gruppenmitglieder komplementär bezogen.

Auf jeder Erarbeitungsstufe findet beim TPS-Muster eine Reduktion und zugleich eine Neustrukturierung der Ergebnisse statt, so dass auch höhere Lernebenen (z. B. die Anforderungsbereiche 2 und 3 der Richtlinien für die gymnasiale Oberstufe) erreicht werden können. Die Prinzipien **Reduktion** und **Neustrukturierung** werden am folgenden Beispiel deutlich.

⇨ ***Beispiel: Verfahren zum Entwickeln von Gesprächsregeln***

- Jeder arbeitet zunächst fünf Minuten allein.
- Notiert in der Zeit fünf Gesprächsregeln, die in der Klasse gelten sollen.

Meine 5 Regeln
1.
2.
3.
4.
5.

- Jetzt setze dich mit deinem Tischnachbarn zusammen.
- Tauscht eure Regeln aus. Begründet dabei, weshalb ihr gerade diese Regeln aufstellen wollt.
- Einige dich mit deinem Tischnachbarn auf sieben gemeinsame Regeln; schreibt diese auf.
- Ihr habt für das Erledigen der Aufgabe 15 Minuten Zeit.

Unsere 7 Regeln
1.
2.
3.

4.	
5.	
6.	
7.	

- Bildet jetzt mit je zwei Paaren Gruppen zu vier Personen.
- Tauscht eure Regeln nochmals aus und begründet sie.
- Einigt euch dann in der Gruppe auf zehn gemeinsame Regeln.
- Ihr habt dafür wieder 15 Minuten Zeit.

Die 10 Gruppen-Regeln
1.
2.
3.
4.
5.
6.
7.
8.
9.

10.

- Geht ins Plenum.
- Jede Gruppe stellt ihre Regeln vor.
- Diskutiert und einigt euch auf 12 Regeln.
- Überlegt, wie ihr in Zukunft sicherstellen wollt, dass die Regeln auch eingehalten werden. Was wollt ihr tun, wenn jemand sich nicht an die Regeln hält?

Profitipp:

Führen Sie Regeln zunächst nur als vorübergehend gültig ein (ca. 4 Wochen). Diskutieren Sie dann mit den Schülern, welche Regeln beibehalten, welche verworfen und welche neu hinzukommen sollten.

⇨ ***Bevor Sie weiterlesen:***

- Worin genau zeigt sich in unserem Beispiel die positive Abhängigkeit der Gruppenmitglieder untereinander?
- Was genau lernen die Schüler während des Arbeitsprozesses? Nennen und beschreiben Sie die entsprechenden Kompetenzen. Gehen Sie dabei auch auf die Aspekte „Reduktion“ und „Neustrukturierung“ ein.

1.2.2. Direkte Interaktion (Face-to-face-interaction)

⇨ *Worum geht es?*

Gruppenarbeit wird vom Lehrer formal so organisiert, **dass die Gruppenmitglieder sich während der Arbeitsphase ansehen können**. Die Schüler sitzen nah zusammen. So wird ein weitgehend reibungsloses Kommunizieren ermöglicht. Die Kommunikation ist direkt; Arbeitsmittel können geteilt werden, Kritik und Lob erreichen das Gegenüber schneller.

⇨ *So funktioniert es:*

Der Lehrer sollte die Arbeitstische so arrangieren, dass eine Face-to-face-Kommunikation der Gruppenmitglieder möglich wird. **Am besten verbindet man das Raum-Arrangement mit einer Arbeitsanweisung, die eine Face-to-face-Kommunikation bzw. nahes Beieinandersitzen erfordert.** Nutzen Sie dazu z. B. die Placemat-Methode.

⇨ ***Beispiel: Verfahren zur Einführung der Placemat-Methode***

- Bildet Gruppen aus je vier Personen. Stellt dazu jeweils zwei Tische so zusammen, dass jeder jeden ansehen kann.
- Jede Gruppe erhält von mir ein DIN-A1-Blatt, das in fünf Bereiche geteilt ist (s. u.). Legt das Blatt so auf eure beiden Tische, das jeder von euch eine Ecke des Blattes als seine eigene nutzen kann.

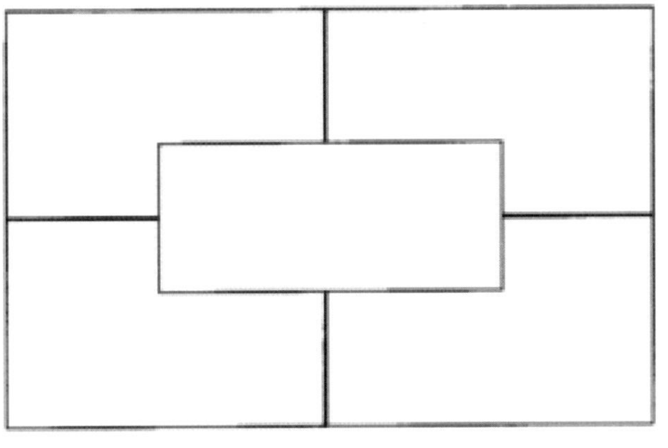

- Unser Thema ist „X“. Wir wollen herausfinden, was ihr von X wisst und was ihr an X wichtig findet.

- Jeder von euch hat jetzt fünf Minuten Zeit, um in seinem Teil des A1-Blattes alles aufzuschreiben, was er von X weiß und an X wichtig findet.
- Achtung! Notiert eure Ergebnisse in Stichwörtern! Jeder Gedanke sollte durch nur ein Substantiv ausgedrückt werden.
- *Nach fünf Minuten:* Informiert jetzt die anderen Gruppenmitglieder über eure Ergebnisse. Nutzt dazu eure Stichwörter und haltet einander kurze Vorträge. Während einer spricht, hören die anderen zu und machen sich Notizen.

  Profitipp: *Die Abstraktion der Ideen auf nur ein Substantiv erfordert eine sehr hohe Denkleistung. Alternativ kann man auch so verfahren: Die Schüler mach sich Notizen in beliebiger Länge. Anschließend wird das A1-Blatt mehrfach um 90 ° gedreht. Jeder liest die Notizen jedes anderen Gruppenmitglieds.*
- Einigt euch jetzt auf die sechs (acht, zehn) Substantive, die ihr für die wichtigsten haltet. Beim späteren Vortrag müsst ihr eure Auswahl auch begründen. Schreibt die Begriffe geordnet (!) in die Mitte des Blattes.

  In lernstarken Gruppen zusätzlich: *Die Ordnung der Begriffe muss nicht immer linear sein (Notizen für einen Vortrag); sie kann auch hierarchisch oder systematisch sein (Mindmap©, Flussdiagramm, Pfeile, Kreise etc.).*
- Präsentiert eure Ergebnisse.

⇨ ***Bevor Sie weiterlesen:***

- Inwiefern wird bei der Placemat-Methode auch das Prinzip positiver Abhängigkeit genutzt?
- Was genau lernen die Schüler, wenn sie sich bei der Arbeit auf Begriffe einigen müssen?

- Welche Probleme können bei diesen Einigungsprozessen auftreten?

⇨ ***Beispiel: Verfahren bei einer kooperativen Texterarbeitung***

Profitipp:

Vor allem in lernstarken Gruppen kann und sollte die Grundstruktur der Placemat-Methode komplexer gestaltet werden. Gehen Sie in dem Fall bei der Behandlung zum Beispiel eines Textes so vor:

- Teilen Sie den Text in vier (oder mehr) Teile, die jeweils für sich verständlich sind. Hier ein Beispiel, das Sie auch im Ausbildungsseminar oder in einer Fortbildungsveranstaltung anwenden können: Die folgenden Texte beschäftigen sich mit Aspekten von Projektarbeit. Hinweis: Im Anschluss an den Text bekommen Sie weitere Handlungsanweisungen.

Teil 1

Projektunterricht stellt eine praktische Alternative zu herkömmlichem Unterricht dar. Er ist somit Unterricht und überwindet aber zugleich herkömmliche Muster der Unterrichtsgestaltung. Projektunterricht ist eine Art systematisch geplanter Veränderung von bestehenden Unterrichtsmustern. Diese Veränderung vollzieht sich besonders offensichtlich in der Realisation der äußeren Rahmenbedingungen: Projektunterricht durchbricht die traditionellen Unterrichtsraster, indem er über die auf einen 45-Minuten-Takt eingefrorene Zeitorganisation des Schulbetriebs hinausgreift und zugleich das Unterrichtsgeschehen vielfach an andere Orte als den Unterrichtsraum oder das Schulgebäude verlagert.

Vor allem das Aufbrechen von Zeit- und Raumstrukturen ist eine Voraussetzung für Projektarbeit. Erst wenn Lehrerinnen und Lehrern, Schülerinnen und Schülern ermöglicht wird, sich bei Planung und Durchführung der Projektidee Zeit zu lassen, können Lernprozesse fruchtbar gestaltet werden. Die für Lernprozesse so wichtige intrinsische Motivation steht eben nicht auf Abruf bereit und endet – einmal etabliert – auch nicht mit dem eine Unterrichtsstunde beendenden Klingelzeichen.

Teil 2

Arbeiten an und in Projekten heißt, sich Lernprozessen wirklich hinzugeben, einzutauchen in einen relevanten Erlebniszusammenhang, der einen im besten Sinne des Wortes mit- und gefangen nimmt und auf diesem Wege die eigene Lebenswirklichkeit nachhaltig beeindruckt und verändert. Nur so wird aus Lernen eine erweiterte Handlungskompetenz erwachsen. Doch das alles braucht seine Zeit. Projektarbeit bedeutet, die eigene Lebenswirklichkeit in den Lernprozess zu integrieren, Räume und Erfahrungswirklichkeiten neu zu erschließen. „Umweltbezug" und „Lebensweltorientierung" sind typische Merkmale von Projektaktivitäten, machen Schule zum „Erfahrungsraum" oder führen Lehrende und Lernende mitunter sogar aus dem Schulgebäude heraus. Viele Projektideen sind daher mit Umweltfragen im engeren Sinne assoziiert. In diesem inhaltlichen Kontext lässt sich die natürliche, ökologische Umwelt am ehesten begreifen und verstehen. Denn „die Umwelt kann nicht erlebt werden, wenn sie nur durch Abbilder und Zeichen vorgestellt wird [...]." (HENTIG). Das alles braucht eine Schule, die sich öffnet, und ein kreatives Lernen, das nicht am Schultor endet.

Teil 3

Die Diskussion um Projektarbeit greift die bereits Ende der 70er und Anfang der 80er Jahre des letzten Jahrhunderts geführte Debatte um mehr Schülerorientierung in einem weiterführenden Sinne auf. „Schüler werden im traditionellen Unterricht (mehr oder weniger bewusst) als – gehorsame Vollstrecker von Lernanordnungen der Lehrer angesehen und behandelt." So analysieren BOETTCHER u. a. vor gut zwei Jahrzehnten die damals vielfach zu beobachtende Frontallernsituation in den Schulen, die wir – zumal in der gymnasialen Oberstufe – auch heute noch vielfach antreffen oder bedingt durch das Zentralabitur vielleicht wieder antreffen werden. Diese eher pessimistische Feststellung gilt, obgleich die Richtlinien für die Unterrichtsfächer eine zunehmende Beteiligung der Schülerinnen und Schüler an der Entscheidung über Unterrichtsvorhaben und an der Bestimmung von Unterrichtszielen vorsehen. Die Schüler sollen an der Planung und Auswertung von Unterricht beteiligt werden; doch dies geschieht in der Praxis eher selten. Im Blick auf eine größere Schülerzentrierung fordert A. WAGNER daher schon vor mehr als 25 Jahren mit Recht, dass die Schüler einige der Funktionen übernehmen sollen, die traditionell der Lehrer innehat: Ein Postulat, das seine Gültigkeit bis heute behalten hat.

Gerade die Projektarbeit bietet sich an, die Emanzipation von Schülerinnen und Schülern in den bislang stark lehrerdominanten Bereichen voranzubringen. So stellt es ein wesentliches Merkmal projektorientierten Arbeitens dar, die „Selbstorganisation und Selbstverantwortung" der Jugendlichen insbesondere hinsichtlich der Planung des gemeinsamen Lernprozesses zu fördern. Nicht der Lehrer gibt die Planung vor, das Ziel ist vielmehr eine offene Planung, die von allen am Lerngeschehen Beteiligten Flexibilität, Kreativität und Phantasie einfordert. Eine Planung also, bei der thematische Schwerpunkte, Lernziele und methodisches Vorgehen im Vollzug kommunikativer Interaktion zwischen Lehrern und Schülern, entwickelt, ausgehandelt und verbindlich für alle vereinbart werden.

Teil 4

Lerngegenstände sind nicht nur Inhalte *eines* Unterrichtsfaches, sondern berühren meist zahlreiche Schulfächer. Die Behandlung eines Themas wie „Gentechnik" zum Beispiel gehört so gesehen nicht nur in den Biologieunterricht, sondern sollte unter historisch-gesellschaftlichen, ethischen und religiösen Gesichtspunkten möglichst zeitgleich ebenso im Religions- und Philosophieunterricht wie in Geschichte, Politik und Sozialwissenschaften zur Sprache gebracht werden. Erst eine solche fächerübergreifende Perspektive ermöglicht Lehrenden wie Lernenden eine ganzheitlich-systemische Sicht auf die Wirklichkeit, eine Perspektive, die angesichts der vielfältigen, zum Teil existenzbedrohenden Herausforderungen unserer Zeit wichtiger denn je geworden ist.

Projekte bieten eine ausgezeichnete Möglichkeit, diesen ganzheitlich-ökologischen, fächerübergreifenden Ansatz zu erproben, die Wirklichkeit damit für die Lernenden adäquater abzubilden und so stärker ein langfristiges Behalten des Gelernten zu etablieren.

- Rechnen Sie aus, wie viele Arbeitsgruppen in Ihrer Klasse dann entstehen, wenn Sie Viererteams bilden.

- Kopieren Sie jeden der vier Textteile entsprechend der Zahl der Teams, die entstehen.
- Ordnen Sie nun jeweils einen Satz von vier Kopien einer der späteren Gruppen zu. Notieren Sie mit Bleistift auf der Rückseite der Kopien einen Gruppennamen oder -buchstaben (z. B. A, B, C ...) und die Nummer des Textteils (1, 2, 3, 4).
- Mischen Sie die Kopien.
- Verteilen Sie die Texte an die Schüler.

  Profitipp: *Während der Austeilens der Blätter sollten bereits ausgeteilte Texte verdeckt auf dem Tisch liegen bleiben. So können Sie Unruhe vermeiden und erreichen, dass alle Schüler zur selben Zeit mit der Lektüre beginnen. Hinweis: Eventuell müssen Sie die auf der Blattrückseite erkennbaren Informationen (Gruppenname / Nummer des Textteils) vorher abkleben.*
- Lassen Sie die Schüler ihr Textstück in Einzelarbeit lesen.

  Aufgabe 1: Lest den Text und markiert das Wichtige. Schreibt euch anschließend mindestens drei und höchstens fünf Stichwörter = Substantive auf, mit denen ihr den Textinhalt wiedergeben könnt. Ihr habt dafür x Minuten Zeit.
- Lassen Sie anschließend Vierergruppen bilden.

  Anweisung: Schaut auf die Rückseite eurer Blätter; dort findet ihr u. a. einen Buchstaben A, B, C oder ..... Diese Buchstaben zeigen euch, zu welcher Gruppe ihr gleich gehört. Zu den Zahlen sage ich euch später etwas. Die Gruppe A trifft sich in der linken Ecke des Raums, Gruppe B ....., Gruppe C .....
- Geben Sie den Schülern den Arbeitsauftrag für die Gruppenarbeit; eine Visualisierung der Aufgabe kann z. B. über eine OH-Folie erfolgen.

  Aufgabe 2, 1. Teil:
  - Jeder von euch kennt einen Teil der Information. Insgesamt gibt es vier Teile. Schaut auf die Rückseite eurer Blätter. Die Zahl gibt an, an welcher Stelle der Gesamtinformation eure Teilinformation steht. Geht nun so vor:
  - Informiert euch nacheinander und in der richtigen Reihenfolge über das, was ihr gelesen habt. Benutzt dabei nur eure Stichwörter. Haltet also kleine Vorträge.
  - Während einer redet, hören die anderen Gruppenmitglieder zu und machen sich Notizen zu dem jeweiligen Vortrag.
  - Danach können Fragen gestellt werden.
  - Dafür habt ihr x Minuten Zeit.

Aufgabe 2, 2. Teil:

- Am Ende der Gruppenarbeit soll einer aus der Gruppe in der Klasse den gesamten Text vorstellen.
- Für die Präsentation einigt ihr euch auf insgesamt acht Stichwörter (= Substantive).
- Diese Stichwörter = Substantive müsst ihr aber in eine Ordnung bringen und zeigen, wie sie voneinander abhängen. Bei der Präsentation sollt ihr diese Abhängigkeiten auch sprachlich darstellen.
- Zur Veranschaulichung der Abhängigkeiten stehen euch gerade oder gekrümmte Linien, Pfeile und Zeichen zur Verfügung.
- Ihr habt für das Erledigen der Aufgabe x Minuten Zeit.

♦ Die Auswahl der Präsentatoren erfolgt anschließend nach dem Zufallsprinzip.

⇨ ***Bevor Sie weiterlesen:***

- Beschreiben Sie die strukturelle Veränderung dieses Vorgehens im Vergleich zur klassischen Form des Placemats.
- Was genau wird Ihrer Meinung nach durch die Veränderung erreicht?
- Was genau lernen die Schüler bei dem gesamten Vorgehen? Machen Sie eine Liste der Kompetenzen, die berührt werden.

- In welchen anderen Lernzusammenhängen können die hier erworbenen Fähigkeiten genutzt werden.

1.2.3. Persönliche Verantwortung (Accountability)

⇨ *Worum geht es?*

In traditionellen Arbeitsgruppen übernehmen häufig einzelne Gruppenmitglieder ungefragt, aber dennoch stillschweigend von den anderen akzeptiert die Verantwortung für den Arbeitsprozess der Gruppe und für die Präsentation der Ergebnisse. Kooperatives Lernen hingegen sorgt dafür, **dass jedes Gruppenmitglied sowohl für sich selbst als auch für die Arbeit der Gruppe verantwortlich ist**. Dieses Prinzip gilt während des Arbeitsprozesses ebenso wie für die Vorstellung des Gruppenergebnisses im Plenum oder in einer anderen Teilgruppe.

⇨ *So funktioniert es:*

Mindestens **drei Möglichkeiten** stehen dem Lehrer zur Verfügung, um **die persönliche Verantwortung der einzelnen Gruppenmitglieder zu fördern**. Diese Möglichkeiten können allein und gleichzeitig angewendet werden.

1. Der Lehrer konstruiert die Aufgabenstellung für die Gruppenphase in jedem Fall so, dass eine positive Abhängigkeit der beteiligten Schüler entsteht (s. oben).
2. Der Lehrer bestimmt am Ende der kooperativen Arbeitsphase durch Zufall, welches Gruppenmitglied das Ergebnis der Arbeit dem Plenum oder einer anderen Gruppe vorstellt (s. S. 29 ⇨ Zufallsprinzip – Arbeitsanweisung).
3. Der Lehrer ordnet parallel zur inhaltlichen Aufgabenstellung einzelnen Schülern gruppenspezifische Funktionen zu, z. B. Gruppenleiter, Zeitwächter, Protokollant.

⇨ ***Beispiel: Einführung des Verfahrens „Zufallsprinzip“***

- *Zu Beginn der Arbeitsphase:* Denkt bitte daran: Jeder von euch kann am Ende durch Zufall an der Reihe sein, die Ergebnisse eurer Arbeit vorzustellen. Welches Zufallsprinzip wir heute nutzen, sage ich euch am Ende der Arbeitszeit.
- *Am Ende der Arbeitsphase:* Und das ist unser heutiges Zufallsprinzip: Sucht bitte das Gruppenmitglied, das von jetzt ab gerechnet als nächstes Geburtstag hat.

Profitipp

Überlegen Sie sich verschiedene „Zufallsideen“ und variieren Sie diese. Stellen Sie in jedem Fall sicher, dass das gewählte Zufallsprinzip wirklich ein Zufallsprinzip ist und bleibt. Die Schüler dürfen nicht den Eindruck gewinnen, dass Sie als Lehrer eine heimliche Strategie durch das vermeintliche Zufallsprinzip verdecken.

Meine Zufallsprinzipien

⇨ ***Bevor Sie weiterlesen:***

- Welchen Sinn kann es haben, den Mitgliedern einer Arbeitsgruppe spezifische Funktionen zuzuweisen (z. B. Protokollant)?

- Versetzen Sie sich in die Lage eines Schülers: Worin liegt der psychologische Effekt, wenn der Lehrer die Präsentatoren der Arbeitsergebnisse durch Zufall bestimmen lässt?

1.2.4. Soziale Fähigkeiten (Social scills)

⇨ *Worum geht es?*

Kooperatives Arbeiten stellt auf dem Gebiet sozial(-kommunikativ)er Kompetenzen hohe Ansprüche an die Gruppenmitglieder. **Die Schüler sollen diese sozialen Fähigkeiten erwerben**:

- Zuhören
- Feedback geben
- Kritik äußern
- Verhalten loben
- Meinungen wertschätzen
- Helfen
- Sich einfühlen
- Ermutigen
- Nachfragen
- Konflikte lösen
- Probleme klären

Keine Gruppe beherrscht diese Fähigkeiten von Anfang an. Aufgabe des Lehrers ist es, diese Fähigkeiten zu vermitteln und mit den Schülern einzuüben. **Das Beherrschen dieser Fähigkeiten verbessert nachhaltig die Kommunikation in der Gruppe.** Es entsteht Vertrauen und damit soziale Sicherheit. Dies wiederum motiviert den einzelnen Schüler, sich stärker am Geschehen zu beteiligen. Insgesamt erreicht man quantitativ und qualitativ höherwertigere Arbeitsergebnisse als in solchen Gruppen, deren soziale Kompetenzen nur wenig entwickelt sind.

⇨ *So funktioniert es:*

Das **Training sozial-kommunikativer Kompetenzen** gehört zum Alltag kooperativen Lernens. Einerseits kann das Training als selbstständiger Baustein jenseits des üblichen Unterrichts durchgeführt werden. Hier bieten sich Trainingstage an, die in jeder Klassenstufe zu bestimmten Zeiten eines Jahres stattfinden. Andererseits können und sollen soziale Fertigkeiten auch direkt im laufenden Unterricht gelernt und trainiert werden.

⇨ ***Beispiel: Einführung des Verfahrens „Kontrollierter Dialog“***

- Ihr sollt euch gleich zweimal jeweils fünf Minuten lang miteinander über ein Thema unterhalten. Bevor ich euch das erste Thema nenne, sage ich euch, wie diese Unterhaltung ablaufen soll.

  A macht eine Aussage.
  B wiederholt die Aussage sinngemäß.
  A bestätigt, dass B ihn richtig verstanden hat oder korrigiert B.
  B macht eine Aussage.
  A wiederholt die Aussage von B sinngemäß.
  B bestätigt, dass A ihn richtig verstanden hat oder korrigiert A.
  A macht eine Aussage. usw.

  Das erste Thema lautet: „..........“
- Wertet die Übung jetzt aus. Dazu bekommt ihr diese Fragen:
  - Wie hat mir die Übung gefallen?
  - Welche Schwierigkeiten hatte ich bei der Durchführung der Übung?
  - Was habe ich durch die Übung gelernt?
  - Woran möchte ich in Zukunft noch arbeiten?

⇨ ***Beispiel: Einüben des Verfahrens „Loben“***

- Das Losverfahren bestimmt Paare.
- Die Partner setzen sich für einen Tag nebeneinander und begleiten sich auch während der Pausen.

- Jeder Partner achtet auf alles, was der andere tut oder sagt, und notiert sich in einem kleinen Büchlein, was er davon positiv findet und warum.
- In der letzten Stunde des Tages (oder der Woche oder am Ende von Gruppenphasen) kommt die Klasse im Stuhlkreis zusammen.
- Jeder erhält nun das Lob des Tages (der Woche ...). Der Partner steht dazu auf und stellt sich hinter den zu lobenden Schüler oder die zu lobende Schülerin.
- Auftrag: Achtet darauf, dass ihr dabei ernst bleibt. Am Ende könnt ihr ein Blitzlicht machen:

  a) Wie hat euch die Lobrunde gefallen? Warum?

  ....

  ....

  ....

  b) Was habt ihr über eure Mitschüler erfahren, was ihr noch nicht wusstet?

  ....

  ....

  ....

⇨ ***Beispiel: Schritte zur Einführung von „Ich-Botschaften“***

- Bildet Paare.
- Der Partner A beginnt und vervollständigt auf B bezogen folgende Sätze, danach tauscht ihr die Rollen.
  - ✓ Ich finde, du hast .... besonders gut gemacht.
  - ✓ Ich glaube, du kannst .... gut, ... aber weniger gut.
  - ✓ Ich meine, du solltest in Zukunft mehr darauf achten, dass

    ....

  - ✓ Ich denke, du kämest besser zurecht, wenn du

    ....

  - ✓ Ich habe Probleme mit dir, wenn du

    ....

  - ✓ Ich würde mich freuen, wenn du mir gegenüber

    ....

  - ✓ Ich bin sehr glücklich, dass du mich

    ....

- Führt danach ein Schreibgespräch durch. Ergänzt dazu die folgenden Sätze:
  - ✓ Als mir mein Partner die Ich-Botschaften sagte, fühlte ich mich

    ....

    ....

    ....
  - ✓ Solche Ich-Sätze haben für mich den Sinn

    ....

    ....

    ....
  - ✓ Ich sollte im Unterricht mehr Ich-Botschaften verwenden, wenn ich

    ....

    ....

    ....
  - ✓ Unser Mathe-/Deutsch-/Englischlehrer sollte mehr Ich-Botschaften benutzen, wenn er

    ....

    ....

    ....
- Sprecht anschließend über eure Sätze.
- Bildet dazu Gruppen zu vier Personen und tauscht euch aus.
- Formuliert drei Ziele, die ihr euch für die nächste Zeit vornehmen wollt.

  1. Ziel:

  ....

  ....

  ....

  2. Ziel:

  ....

  ....

  ....

  3. Ziel:

  ....

  ....

  ....

⇨ ***Beispiel: Feedback (Erläuterung und Übung)***

- **Info: Feedback ist** ein Bestandteil der **Meta-Kommunikation**. Diese beschäftigt sich mit dem Kommunikationsprozess selbst. Angemessenes Feedback ist eine Botschaft über die aktuelle Befindlichkeit des Sprechers. Dabei bezieht er sich auf ein konkretes (sprachliches oder nicht-sprachliches) Verhalten seines Gegenübers. Außerdem kann der Sprecher bei einem Feedback Konsequenzen nennen, die sich für ihn tatsächlich aus dem Verhalten des Feedback-Empfängers ergeben, schon ergeben haben oder noch ergeben werden.

„Ich bin sehr froh darüber, dass du mir das gesagt hast. Denn das hilft mir wirklich weiter.“ ist eine vollständige Feedback-Aussage. Die Aussage besteht aus mehreren Teilen, die alle für ein angemessenes Feedback wichtig sind. **Und so ist das Feedback sprachlich aufgebaut:**

Baustein des Feedbacks	... und was er bedeutet
Ich bin ...	Die Aussage ist eine Ich-Botschaft.
froh darüber, ...	Die Aussage beschreibt die aktuelle Gefühlslage des Sprechers.
dass du mir das gesagt hast. ...	Der Nebensatz enthält das tatsächlich beobachtbare Verhalten des Gesprächspartners, auf das sich der Sprecher mit seinem Feedback bezieht.
Denn das hilft mir wirklich weiter.	Dieser Satz formuliert die Konsequenzen, die das Verhalten des Gesprächspartners für das Leben des Sprechers hat. ⇨ Hinweis: Dieser Teil des Feedbacks kann auch fehlen, z. B. dann, wenn es keine erkennbaren Folgen für den Sprecher gibt.

Feedback-Übung für Lehrerinnen und Lehrer

- Bilden Sie Paare.
- Lesen Sie zunächst in Einzelarbeit die folgenden Äußerungen aufmerksam durch. Entscheiden Sie, welche der Formulierungen ein sprachlich angemessenes und vollständiges Feedback darstellen.
- Kreuzen Sie dann die Aussagen an, die kein angemessenes Feedback sind.
- Besprechen Sie Ihre Ergebnisse zu zweit.
- Ändern Sie die unangemessenen oder unvollständigen Äußerungen so, dass sie den Kriterien für sprachlich richtiges Feedback genügen.
- Besprechen Sie die Ergebnisse danach im Plenum.

„Du hast schon wieder eine Fünf in Englisch geschrieben. Das passt mir nicht. So kann das nicht weitergehen.“	

„Ich freue mich, dich zu sehen. Wir werden bestimmt wieder viel Spaß miteinander haben.“	
„Ich möchte mit dir gern ins Kino gehen. Das ist für mich immer wieder sehr interessant.“	
„Ich bin sehr verärgert darüber, dass du den Termin wieder abgesagt hast. Das bringt meinen Zeitplan ganz schön durcheinander.“	
„Du bist wirklich ein Faulpelz. Ich habe dir doch schon gestern gesagt, dass die Aufgabe heute erledigt sein muss.“	
„Ich bin sehr froh darüber, dass du die Sache schon erledigt hast. Das wird dir bestimmt nutzen.“	

„Ich bin mir jetzt wirklich nicht sicher, ob du überhaupt verstanden hast, was ich will. Dein Verhalten ist sehr widersprüchlich. Und das irritiert mich.“	
„Ich habe wirklich die Nase voll von deinem Verhalten. Immer sagst du etwas, das du anschließend doch nicht tust. Das geht mir zu weit.“	

1.2.5. Bewertung in den Gruppen (Evaluation)

⇨ *Worum geht es?*

Arbeits- und Verhaltensweisen müssen am Ende der Gruppenarbeit ebenso bewertet werden wie die Quantität und die Qualität der Gruppenergebnisse. Die Gruppenmitglieder müssen darüber sprechen, **wie effektiv ihre Arbeitsbeziehungen waren bzw. sind und welcher Zusammenhang zwischen diesen personalen Beziehungen und dem Lernergebnis besteht**. Ziel ist es, jenes Verhalten beizubehalten, das der Gruppe bei ihrer Arbeit hilft, und Verhalten neu zu kreieren, das die bisherige Qualität der Kooperation verbessert.

⇨ *So funktioniert es:*

Am Ende von Gruppenphasen, zumindest aber am Ende von Unterrichtsreihen müssen die Schüler Gelegenheit haben, über den Arbeitsprozess nachzudenken und miteinander zu sprechen. Für den Evaluationsprozess kann z. B. der folgende **Fragebogen** genutzt werden. Nach dem Ausfüllen der Bögen müssen sie ausgewertet und besprochen werden. Dabei soll auch neues Verhalten etabliert werden, soweit dies nötig erscheint.

➪ *Beispiel: Fragebogen zur Evaluation von Gruppenprozessen*

Anleitung:

Die Schüler lesen das jeweilige Item und bewerten ihr persönliches Verhalten quantitativ („Ja“, „Nein“, „Teilweise“). Anschließend überlegt jeder, wie er das jeweilige Verhalten verbessern könnte. Dabei geht es um *konkrete* Handlungsanweisungen.

Erweiterung:

Am Ende des Bogens kann man nach Verbesserungsvorschlägen fragen, die die gesamte Gruppe betreffen.

1. Ich habe den anderen Gruppenmitgliedern zugehört und mich dabei dem Sprecher zugewandt.

Ja	Nein	Teilweise	So könnte ich mein Verhalten verbessern .....

2. Ich habe die anderen Gruppenmitglieder während ihrer Beiträge durch Lächeln oder Kopfnicken positiv verstärkt.

Ja	Nein	Teilweise	So könnte ich mein Verhalten verbessern .....

3. Ich habe den anderen Gruppenmitgliedern Feedback gegeben, wenn dies nötig war.

Ja	Nein	Teilweise	So könnte ich mein Verhalten verbessern .....

4. Ich habe die Meinungen der anderen Gruppenmitglieder in sozial angemessener Form kritisiert.

Ja	Nein	Teilweise	So könnte ich mein Verhalten verbessern .....

5. Ich habe das Verhalten und oder die Ansichten der anderen Gruppenmitglieder gewürdigt und gelobt.

Ja	Nein	Teilweise	So könnte ich mein Verhalten verbessern .....

6. Ich habe den anderen Gruppenmitgliedern geholfen, wenn dies nötig war.

Ja	Nein	Teilweise	So könnte ich mein Verhalten verbessern .....

7. Ich habe mich in die anderen Gruppenmitglieder einfühlen können.

Ja	Nein	Teilweise	So könnte ich mein Verhalten verbessern .....

8. Ich habe die anderen Gruppenmitglieder ermutigt.

Ja	Nein	Teilweise	So könnte ich mein Verhalten verbessern .....

9. Ich habe den anderen Gruppenmitgliedern Fragen zur Sache gestellt.

Ja	Nein	Teilweise	So könnte ich mein Verhalten verbessern .....

10. Ich habe mich aktiv in den Gruppenprozess einbringen können und dies auch getan.

Ja	Nein	Teilweise	So könnte ich mein Verhalten verbessern .....

11. Ich habe mich während der Gruppenarbeit akzeptiert gefühlt.

Ja	Nein	Teilweise	So könnten die anderen mich leichter akzeptieren ....

12. Ich habe zur Lösung von Problemen oder Konflikten beigetragen.

Ja	Nein	Teilweise	So könnte ich mein Verhalten verbessern .....

13. Die Qualität des Arbeitsergebnisses war gut oder besser.

Ja	Nein	Teilweise	So könnte ich helfen, die Ergebnisse zu verbessern ...

14. Die Gruppe hätte in derselben Zeit mehr erreichen können.

Ja	Nein	Teilweise	So könnte ich der Gruppe helfen .....

Verbesserungsvorschläge

Das hat mir am Verhalten der anderen Gruppenmitglieder gefallen	
Das hat mir am Verhalten der anderen Gruppenmitglieder weniger oder gar nicht gefallen	
So könnten wir den Arbeitsprozess in der Gruppe verbessern	

Profitipp:

Erinnern und beurteilen Sie Ihre bisherige Gestaltung von Gruppenaktivitäten unter den Kriterien des kooperativen Lernens. Ziehen Sie Schüsse aus Ihren Einsichten.

1.3. Arbeitsanregungen

Kooperatives Lernen

„Schüler übernehmen Lehrerfunktionen.“ Inwieweit trifft diese These auf kooperative Arbeitsformen zu?	
„Die Vernetzung von Informationen erhöht die Wahrscheinlichkeit, die Informationen zu behalten.“ Nehmen Sie Stellung mit Bezug zum kooperativen Lernen.	
Inwieweit wird beim kooperativen Lernen das individuelle Lerntempo der Schüler berücksichtigt?	
Menschen bevorzugen beim Lernen unterschiedliche Sinneskanäle. Inwieweit geht das kooperative Lernen darauf ein?	
„Kooperatives Lernen verbessert eher das Sozialverhalten der Schüler als deren kognitive Lernleistungen.“ Was meinen Sie dazu.	

Überlegen Sie, welche Wirkungen kooperatives Arbeiten auf das Lernergebnis hat a) in heterogenen Lerngruppen, b) in Gruppen von hochbegabten Schülern, c) in Gruppen unterdurchschnittlich Begabter.	
Es wird bezweifelt, dass Schüler ihren eigenen Lernprozess angemessen beurteilen können. Was spricht für, was gegen diese Annahme?	
Welche Gruppengröße halten Sie für angemessen, um kooperatives Lernen optimal zu gestalten?	
Überlegen Sie, welche Rollen (= Aufgaben) Sie vor einer Gruppenarbeit vergeben können.	
„Kooperative Arbeitsformen steigern den Selbstwert der Gruppenmitglieder.“ Erläutern Sie Für und Wider dieser These.	
„Denkt euch ein Handzeichen aus, das ihr benutzt, wenn ihr in der Gruppe erfolgreich einen Arbeitsplan erstellt habt.“ Überlegen Sie, inwieweit diese Anweisung positive Abhängigkeit schafft.	
„Bei dem Plakat sollte einer malen, ein anderer sollte schreiben und zwei sollten vortragen.“ Überlegen Sie, inwieweit diese Anweisung positive Abhängigkeit schafft.	

Formulieren Sie eine Arbeitsanweisung, die Ihrer Meinung nach positive Abhängigkeit unter den Beteiligten erzeugt. Begründen Sie bitte ausführlich.	
Welche sozialen Kompetenzen erscheinen Ihnen für Gruppenarbeiten besonders wichtig? Warum?	
Nehmen Sie an, Sie wollen die Fähigkeiten der Schüler zum Lösen von sozialen Konflikten stärken. Welche Fähigkeiten und Fertigkeiten der Schüler müssen Sie fördern bzw. entwickeln und einüben?	
Nehmen Sie an, einige Schüler Ihrer Klasse beteiligen sich während der kooperativen Gruppenphasen deutlich weniger als andere. Welche Fähigkeiten und Fertigkeiten dieser Schüler müssen Sie fördern bzw. entwickeln und einüben, damit sich diese Situation ändert?	
Sie stellen fest, Ihre Lerngruppe ist montags in der ersten Stunde oft sehr unruhig. Sie wollen dies ändern. Wie könnten Sie dies im Rahmen kooperativen Lernens tun?	
Sie wissen durch einen IQ-Test: Claudia ist hochbegabt. Was bedeutet das für Ihre Absicht, in der Klasse kooperatives Lernen durchzuführen?	

Welche außerunterrichtlichen Maßnahmen könnten helfen, das kooperative Arbeitsverhalten von Schülern zu verbessern? Begründen Sie bitte Ihre Meinung.	
Manche Lehrer bitten die Schüler, ihre Leistung selbst einzuschätzen, bevor sie vom Lehrer beurteilt wird. Inwieweit unterstützt dieses Verfahren kooperatives Lernen?	
Sie wollen eine Unterrichtsstunde mit einem Comic beginnen. Wie könnten Sie die Einstiegsphase kooperativ gestalten? Was müssten Sie tun, was die Schüler? Entwickeln Sie anhand eines konkreten Beispiels ein Konzept.	
Sie wollen in einer Unterrichtsstunde eine Statistik / ein Bild / eine Grafik bearbeiten lassen. Überlegen Sie, wie Sie die Erarbeitungsphase kooperativ gestalten könnten. Was würde sich ändern, wenn Sie mehrere Materialien nutzen würden?	
Sie haben in einer Unterrichtsstunde die Grundlagen der Theorie X erarbeitet. In der Vernetzungsphase der Stunde wollen Sie die Vorteile dieser Theorie gegenüber dem Modell Y behandeln, das den Schülern ebenfalls bekannt ist. Wie gehen Sie vor, um die Vernetzungsphase nach Maßgabe kooperativen Lernens zu gestalten?	

2.

Unterrichts- und Verhaltens- störungen

„Unterrichtsstörungen sind Ereignisse,
die den Lehr-Lernprozess beeinträchtigen,
unterbrechen oder unmöglich machen [...]“

(Gert Lohmann)

2.1. Selbstreflexion zu Unterrichtsstörungen

Die folgenden Fragen und Denkanstöße können Ihnen helfen, Ihr Vorverständnis zum Thema „Unterrichtsstörungen" zu klären.

1. Was verstehen Sie allgemein unter einer Unterrichtsstörung?

2. Nennen Sie mindestens sechs konkrete Beispiele von Unterrichtsstörungen.

3. Welche Arten von Unterrichtsstörungen haben Sie selbst bisher erlebt? In welchen Situationen genau traten die Störungen auf?

4. Welche Erklärung(en) haben Sie für das Entstehen der Unterrichtsstörungen, die Sie erlebt haben?

5. Was haben Sie bisher gegen Unterrichtsstörungen unternommen?

6. Wie weit stimmen Sie den folgenden Aussagen zu? Notieren Sie Gedanken, die Ihnen spontan zu den Aussagen einfallen. Begründen Sie Ihre Meinung. Diskutieren Sie Ihre Ergebnisse mit Kollegen.

a) Jeder Lehrer erlebt Unterrichtsstörungen anders.

Ja	**Nein**	**Teilweise**	**Das fällt mir dazu ein ....**

b) Schüler stören den Unterricht nie mit Absicht.

Ja	**Nein**	**Teilweise**	**Das fällt mir dazu ein ....**

c) Viele Lehrer stören die Schüler beim Denken, Lernen und Arbeiten.

Ja	Nein	Teilweise	Das fällt mir dazu ein ....

d) Bei einem guten Lehrer stören die Schüler nicht.

Ja	Nein	Teilweise	Das fällt mir dazu ein ....

e) Für Schüler ist der Unterrichtsgegenstand der größte Störfaktor im Unterricht.

Ja	Nein	Teilweise	Das fällt mir dazu ein ....

f), Es ist das Problem des Lehrers, wenn er sich durch Schüler gestört fühlt.

Ja	Nein	Teilweise	Das fällt mir dazu ein ....

7. Vervollständigen Sie die folgenden Satzanfänge; begründen Sie Ihre Auffassung:

Unterrichtsstörungen können oft	
Unter psychologischen Gesichtspunkten sind Unterrichtsstörungen meist	

Gegen Unterrichtsstörungen können Lehrer	
Schüler stören den Unterricht, wenn	

2.2. Formen von Unterrichtsstörungen

Unterrichtsstörungen können vom Lehrer und vom Schüler ausgehen, sie können aber auch in den organisatorischen und räumlichen Rahmenbedingungen von Unterricht begründet sein. Immer tragen Unterrichtsstörungen dazu bei, dass ein Lernprozess aus der Perspektive der Betroffenen behindert oder sogar unmöglich gemacht wird (Winkel 2005). In vielen Fällen liegt im Blick auf Unterrichtsstörungen eine verengte Sicht durch den Lehrer vor. Der Lehrer hält in der Regel spezifisches Schülerverhalten für störend, während er seine eigene Person meist ganz und externe (Umgebungs)Bedingungen weitgehend aus der Betrachtung ausklammert (s. zum Folgenden auch Wollenweber o. J.).

In der Tat können **Schüler** den Unterricht stören, wenn sie z. B.

- miteinander reden
- Geräusche produzieren
- sich untereinander streiten
- sich untereinander körperlich angreifen
- sich gegenseitig beleidigen
- laut in die Klasse rufen
- unaufgefordert in der Klasse herumlaufen

- Tagebuch schreiben
- träumend aus dem Fenster sehen
- in ihren Heften herummalen
- Hausaufgaben für andere Fächer erledigen
- mit Gegenständen spielen
- unter dem Tisch in einer Zeitschrift lesen
- verspätet zum Unterricht erscheinen
- die Arbeitsaufgaben nicht zur Kenntnis nehmen
- Hausaufgaben nicht erledigen
- im Unterricht essen oder trinken
- sich auf dem Tisch oder auf dem Stuhl räkeln

Zugleich kann aber auch der **Lehrer** ein Störfaktor sein, wenn er z. B.

- seinen Unterricht gar nicht oder schlecht vorbereitet
- desorganisiert ist
- keine angemessenen Arbeitsstrategien besitzt
- insgesamt wenig flexibel reagiert
- den Unterricht nicht pünktlich beginnt und / oder schließt
- kein vorbildliches Sozialverhalten zeigt
- den Unterricht zu langsam gestaltet
- den Unterricht zu wenig abwechslungsreich gestaltet
- zu wenig Lernzeit zur Verfügung stellt
- den Schülern zu wenig zutraut
- die Schüler kaum fördert
- undeutlich und / oder zu leise spricht
- unklare und / oder zu komplexe Arbeitsanweisungen gibt
- bei Fragen für die Schüler nicht ansprechbar ist
- während des Unterrichts andere Arbeiten erledigt
- ungerechte Leistungsbewertungen vornimmt
- inkonsequent reagiert
- seine Leistungsanforderungen nicht klar nennt
- bei Konflikten nicht mit sich reden lässt
- im Unterricht durch private Ereignisse gestresst ist

- Angst hat und sich ängstlich verhält
- zu viel Empathie von den Schülern erwartet
- zu viel sachbezogenes Engagement von der Lerngruppe erwartet
- sich nicht auf die soziokulturelle Situation der Lerngruppe einlässt
- problematische Situationen während des Unterrichts nicht oder nur teilweise erkennt

Externe Störmomente können z. B. sein:

- unklare Vertretungspläne
- häufiger Raumwechsel
- schlecht ausgestattete Räume
- schlecht belüftete Räume
- zu dunkle Räume
- schlechte Temperierung der Räume
- schlechte Akustik in den Räumen
- externe Ansagen während der Unterrichtszeit
- Verspätungen von Schülern und Lehrern durch extreme Wetterlagen
- dürftige PC- oder OHP-Ausstattung
- fehlende Kreide, Schwämme oder Putzlappen
- altes Mobiliar
- keine körpergerechte Bestuhlung
- zu kleine Gruppenräume
- Baulärm
- Feueralarm
- Reparaturarbeiten
- parallel zum Unterricht stattfindende Feiern (z. B. Abitur)

⇨ ***Bevor Sie weiterlesen:***

- Versetzen Sie sich in die folgenden Situationen.
- Was würden Sie in diesen Situationen als Lehrer über das Schülerverhalten denken?
- Wie würden Sie sich als Lehrer fühlen?
- Wie würden Sie handeln?

1. Situation: Peter kommt heute zum vierten Mal verspätet in Ihren Unterricht. Bisher haben Sie auf die Verspätungen noch nie reagiert.
Sie denken sich ....
Sich fühlen sich ....
Und so würden Sie handeln ....
2. Situation: Claudia ruft zum ersten Mal laut in die Klasse: „He, Petra, du bist vielleicht eine alte Petze ....“
Sie denken sich ....
Sich fühlen sich ....

Und so würden Sie handeln ....
3. Situation: Es ist etwa sieben Minuten vor Ende der Unterrichtsstunde. Jim und Paul packen ihre Taschen und legen ihre Butterbrote auf den Tisch.
Sie denken sich ....
Sich fühlen sich ....
Und so würden Sie handeln ....

2.3. Relativität von Unterrichtsstörungen

Das Erkennen von Unterrichtsstörungen setzt (aus der Sicht des Lehrers) die Wahrnehmung z. B. eines Schülerverhaltens voraus, das er im Blick auf seine Vorstellung von strukturierten Lernprozessen als störend interpretiert. Anders gesagt: **Das Schülerverhalten selbst *ist* also keine Störung, sondern es *wird* erst durch die Inter-**

pretation des Lehrers dazu. Die Wahrnehmung eines Ereignisses oder Verhaltens ist also nicht identisch mit dessen Interpretation. So werden verschiedene Menschen auf Grund ihrer individuellen (Wert)Maßstäbe und Erfahrungen ein und dieselbe Situation unterschiedlich deuten und sich demnach in der Situation auch (emotional und körperlich) unterschiedlich fühlen. **Wir fühlen uns also stets so, wie wir denken. Und wir handeln stets so, wie wir denken und fühlen.** Störungen des Unterrichts sind somit kein objektiver Tatbestand; sie sind vielmehr das Ergebnis einer subjektiven Deutung eines Ereignisses durch den jeweiligen Lehrer (oder Schüler). Diese Deutung ist aber nicht willkürlich. Der Lehrer orientiert die Deutung stets an seiner Zielsetzung, einen geplanten Lernprozess organisiert durchzuführen.

⇨ ***Bevor Sie weiterlesen:***

- Stellen Sie sich drei Personen A, B und C vor, die gemeinsam einen Flug mit einem Düsenjet machen. Die drei Personen fliegen jeweils zum zweiten Mal mit einer solchen Maschine. Person A hat beim ersten Flug keinerlei Unannehmlichkeiten erlebt. Person B ist es beim ersten Flug schlecht geworden; der Flug selbst ist aber problemlos verlaufen. Person C ist beim ersten Flug in Wetterturbulenzen geraten; das Flugzeug hat mehrere problematische Manöver ausführen müssen und konnte nur mit Mühe sicher landen.
- Überlegen Sie, was die drei Personen A, B und C während ihres aktuellen Flugs denken und fühlen. Nehmen Sie dabei diese Ereignisse an: Das Flugzeug sackt bedingt durch die Thermik unerwartet mehr als zwanzig Meter ab. Verschiedene Passagiere schreien dabei laut auf.
- Übertragen Sie die Analyse der Situation auf das Problem der Unterrichtsstörungen: Welche Schlussfolgerungen ziehen Sie für sich selbst aus Ihren Überlegungen? Denken Sie dabei auch an die Handlungsdimension.

Person A	**Person B**	**Person C**
Denken	Denken	Denken

Empfinden (Emotionen + Körperreaktionen)	Empfinden (Emotionen + Körperreaktionen)	Empfinden (Emotionen + Körperreaktionen)
Schlussfolgerungen		

Das Problem der Interpretation von Ereignissen besteht in der **Notwendigkeit, die Ereignisse interpretieren zu *müssen*, wenn sie eine Bedeutung erhalten sollen.** Lehrer müssen das sprachliche und nichtsprachliche Verhalten ihrer Schüler (meist ohne Rückfrage an die Schüler selbst) deuten, um das Schülerverhalten zu verstehen und einordnen zu können (nützlich, konstruktiv, problematisch, gefährlich, störend etc.). Die Interpretation des Lehrers resultiert aus den Gedanken, die er sich zu dem Schülerverhalten macht. Die Gedanken des Lehrers sind das Ergebnis kultureller und persönlicher Erfahrungen und in diesem Sinne mehr oder weniger vorgeprägt und vorstrukturiert. Aus der Interpretation des Schülerverhaltens wiederum resultieren alle Empfindungen des Lehrers. **Die Summe dieser Gedanken und Empfindungen (= die Interpretation der Situation) beeinflusst dann maßgeblich, wie der Lehrer auf das Schülerverhalten reagiert.**

Nehmen Sie konkret den Fall eines Lehrers, der zwei Schüler während des Frontalunterrichts miteinander sprechen sieht. Der Lehrer kann die Lage unterschiedlich interpretieren; dabei wird er Alltagstheorien und seine persönlichen Erfahrungen mit ähnlichen Situationen zugrunde legen:

- Interpretation A: „Die beiden haben wieder nichts anderes zu tun, als sich über ihr gemeinsames Hobby zu unterhalten. Die sind wie immer unaufmerksam und wissen gleich wieder nicht, was hier im Unterricht läuft."
- Interpretation B: „Die beiden haben bestimmt wieder eine weiterführende Idee. Die sind nämlich besonders begabt und sehr interessiert an diesem Fach. Manchmal geht das einfach zu langsam für sie."
- Interpretation C: „Man, wenn die beiden anfangen zu reden, dann wird gleich wieder in der ganzen Klasse Unruhe sein. Wie soll ich da mit meinem Stoff durchkommen? Das ist einfach eine miese Klasse."

Die unterschiedlichen Interpretationen desselben Sachverhalts können beim Lehrer sehr unterschiedliche Empfindungen und Handlungen auslösen. Fazit: Was für den einen Lehrer eine Störung ist, muss für den anderen keine sein. Daher wird der eine Lehrer auf bestimmte Unterrichtsereignisse gar nicht oder anders reagieren als der andere Lehrer.

Dennoch ist nicht jede Störung eine „rein subjektive Angelegenheit" des Lehrers. Ein bestimmtes Ereignis wird für einen Lehrer immer dann zu einem „objektiven" Störmoment, wenn es seine Unterrichtstätigkeit faktisch behindert. Der Lehrer kann sich zwar auch dann weiterhin „entscheiden", ob er ein solches Störereignis während des Unterrichts tatsächlich als Störung interpretieren möchte oder nicht. Sobald er jedoch den von ihm selbst vorgezeichneten Unterrichtsweg (Planung / Verlauf) verlässt, liegt immer „objektiv" eine Störung vor, weil diese Abweichung auch für Außenstehende „objektiv" (eben faktisch) erkennbar ist. Dennoch: Auch die Ursache für eine solche Abweichung vom Lernweg muss vom Lehrer selbst nicht als Störung interpretiert werden; er kann hier beispielsweise auch von seinem flexiblen und souveränen Verhalten sprechen, das auf Grund seiner schülerorientierten Vorgehensweise erforderlich ist. „Objektiv" kann also eine Störung nur in dem Maße sein, wie sich die Beurteiler auf dieselben Werte und Maßstäbe geeinigt haben. Für den Lehrer gilt als Maßstab die Verpflichtung, den Schülern in definierten Zeiträumen bestimmte Lerninhalte zu vermitteln. Dies ist aber „objektiv" dann nicht mehr (hinreichend) möglich, wenn der Lehrer in zu starkem Maße Abweichungen vom jeweiligen Lernweg (Störungen) umdeutet zu belanglosen Phänomen und sie hinnimmt, ohne zu reagieren.

⇨ ***Bevor Sie weiterlesen:***

- Gehen Sie der Frage nach: Welche Gefühle und Handlungen können in unserem Beispiel aus den drei Interpretationen folgen?
- Was bedeutet das für Sie? Welche Schlussfolgerungen ziehen Sie aus Ihren Überlegungen für die Unterrichtsstörungen, die Sie selbst erlebt haben?

Fühlen – Interpretation A   Fühlen – Interpretation B   Fühlen – Interpretation C
Handeln – Interpretation A   Handeln – Interpretation B   Handeln – Interpretation C
Konsequenzen

2.4. Didaktische Ursachen von Unterrichtsstörungen

Schüler und Lehrer stehen im Unterricht in ständiger Interaktion; sie reagieren aufeinander. Aus der Sicht des **symbolischen Interaktionismus** handeln die Beteiligten auf der Grundlage der Bedeutung, die sie den Dingen und den Situationen beimessen. Die Bedeutung der Dinge und Situationen ermitteln und verändern die Menschen im Verlaufe der **sozialen Interaktion** (vgl. Blumer 1986; Mead 2005). Schüler interpretieren in diesem Sinne das Unterrichtsarrangement und die Verhaltensweisen der Lehrperson und reagieren darauf u. a. auch mit Störungen. **Viele Unterrichtsstörungen haben ihre Ursache daher in den didaktischen Entscheidungen und dem Verhalten des Lehrers**. Die Schüler fühlen sich durch Inhalt und Methode des Unterrichts nicht (hinreichend) angesprochen; sie beschäftigen sich daher mit etwas anderem, statt sich konzentriert auf den Unterrichtsinhalt einzulassen. In der folgenden Liste sind einige methodisch-didaktische Aspekte zusammengestellt, die bei der Planung und Durchführung von Unterricht besonders zu beachten sind. Unterrichtsstörungen sind vorprogrammiert, wenn mehrere dieser Aspekte bei der konkreten Umsetzung des Unterrichts nicht oder in zu geringem Umfang beachtet werden (vgl. a. Meyer 2005; Green / Green 2005; Kliebisch / Meloefski 2007):

- Lernpsychologisch orientierte Dramaturgie („roter Faden“)
- Lerngegenstand und Themenstellung
- Motivation durch Unterrichtseinstiege
- Transparenz des gesamten Unterrichtsablaufs
- angemessenes Lerntempo (Dynamik)
- Klarheit von Lern- und Arbeitszielen
- Attraktive und klar strukturierte Medien
- zielführende Selbsttätigkeit bei den Schülern
- altersgemäße Problemorientierung
- schul- und schulstufenbezogene Schülerorientierung
- kooperative Arbeitsweisen
- übersichtliche und einfache Visualisierung der Arbeitsergebnisse
- Erfahrungsorientierung
- angemessene Lernanforderungen
- Differenzierte Förderung der Schüler

- strukturierende Moderation von Unterrichtsgesprächen
- maximale Nutzung der Lernzeit, wenig Zeiteinsatz für Organisatorisches
- hohe sozial-kommunikative Kompetenz des Lehrers
- hohe Fachkompetenz des Lehrers
- erkennbares Selbstverständnis des Lehrers als Facilitator
- ichstarke Persönlichkeit des Lehrers
- Flexibilität des Lehrers im Umgang mit seiner Planung
- hinreichende Berücksichtigung der Bedingungsanalyse (sozio-ökonomische Faktoren allgemein, konkretes Lernumfeld, konkrete institutionelle Bedingungen, mögliche und tatsächliche Störungen)
- regelmäßiges Feedback
- systematische Evaluation

⇨ *Übung: Bestandsaufnahme der eigenen Unterrichtspraxis*

1. Ich fordere meine Schüler angemessen.

Ja	Nein	Teilweise	So müsste ich in Zukunft vorgehen ....

2. Ich fördere meine Schüler angemessen.

Ja	Nein	Teilweise	So müsste ich in Zukunft vorgehen ....

3. Meine Unterrichtseinstiege sind motivierend.

Ja	Nein	Teilweise	So müsste ich in Zukunft vorgehen ....

4. In meinem Unterricht arbeiten die Schüler selbsttätig und kooperativ.

Ja	Nein	Teilweise	So müsste ich in Zukunft vorgehen ....

5. In meinem Unterricht herrscht eine entspannte und lernförderliche Atmosphäre.

Ja	Nein	Teilweise	So müsste ich in Zukunft vorgehen ....

6. Mein Unterricht ist problem- und schülerorientiert angelegt.

Ja	Nein	Teilweise	So müsste ich in Zukunft vorgehen ....

7. Ich kann Unterrichtsgespräche zielführend moderieren.

Ja	Nein	Teilweise	So müsste ich in Zukunft vorgehen ....

8. Ich erreiche in der Regel meine Lernziele.

Ja	Nein	Teilweise	So müsste ich in Zukunft vorgehen ....

9. Mein Unterricht verläuft für die Schüler transparent.

Ja	Nein	Teilweise	So müsste ich in Zukunft vorgehen ....

10. Ich verstehe mich als Lernbegleiter der Schüler.

Ja	Nein	Teilweise	So müsste ich in Zukunft vorgehen ....

Viele didaktischen Entscheidungen liegen bereits in der Planung begründet. Vor allem die Dramaturgie des Ablaufs einer Unterrichtsstunde entscheidet wesentlich mit darüber, ob später Störungen diesen Ablauf beeinträchtigen. Die von uns selbst vorgeschlagene **Dramaturgie** hat sich als ein in vielen Fällen nützlicher Rahmen erwiesen, der den Unterrichtsprozess klar strukturiert und auch mit einer angemessenen Dynamik ausstattet (vgl. Kliebisch / Meloefski 2007, Kap. 3.). Der Ablauf ist für eine einzelne Unterrichtsstunde (45 Minuten) sehr kompakt gestaltet, aber durchaus realisierbar; wann immer es möglich ist, sollte aber ein umfangreicherer Zeitrahmen (z. B. eine Doppelstunde) genutzt werden. Ein größerer Zeitrahmen verbessert den Erfolg des Konzepts nochmals und kommt damit der Qualität des Unterrichts zugute.

Zeit	**Phase**	**Unterrichtsschritte / Geplantes Vorgehen / Sach-/Verhaltensaspekte**	**Sozialformen / Handlungs-muster**	**Medien**
5 Min.	*Einstieg*	o Sensibilisierung für das Thema der Stunde o Wecken von Assoziationen o Motivation zur spontanen Reaktion	Unterrichtsgespräch / Schülergespräch	z. B. Bild / These / Stummer Impuls (Stichwort an Tafel)
2 Min.	*Problem-orientierung (evtl. anschl. Hypothesenbildung)*	o Formulierung der leitenden Fragestellung (Problemfrage) o evtl. danach: Formulierung von Hypothesen zur leitenden Fragestellung	Unterrichtsgespräch / Schülergespräch	Tafel / Folie
20 Min.	*Erarbeitung (evtl. vorweg Methoden-reflexion)*	o Bearbeitung der Problemfrage durch organisierte Selbsttätigkeit der Schüler o ggf. vorher: Methodenreflexion	Einzel-, Partner-, Gruppenarbeit (arbeitsgleich oder arbeitsteilig) (⇨ kooperatives Lernen)	z. B. Text(e) / Quelle(n) / Grafik(en) / Tabelle(n) / Experiment

8 Min.	*Präsentation und Auswertung / Sicherung der Ergebnisse*	o schülerzentrierte Vorstellung der Gruppenergebnisse (mind. 2 Gruppen) o Klärung, Vergleich und Sicherung der Ergebnisse (inhaltlich, ggf. formal) o Beantwortung der leitenden Fragestellung o dabei ggf. Rückbezug zu den Hypothesen der Schüler im Blick auf die Problemfrage o Zusammenfassung o Systematisierung der Ergebnisse o ggf. Formulierung weiterer Fragen, Probleme usw.	Plenum / Schülervortrag + Unterrichtsgespräch (ggf. Schülermoderation)	z. B. Folien / Plakate / Arbeitsblätter / Tafelanschrieb
10 Min.	*Vernetzung: Übertragung (Transfer) / Anwendung / Verarbeitung der Ergebnisse*	o Übertragung der erarbeiteten Ergebnisse auf andere Zusammenhänge und / oder o kritische Stellungnahme und / oder o Erarbeitung von Lösungsmöglichkeiten und / oder o Formulierung weiterer Fragen und / oder o Planung des weiteren Vorgehens	Unterrichtsgespräch (Schülergespräch) oder Partner-, Gruppenarbeit (⇨ kooperatives Lernen) + anschl. Unterrichtsgespräch	z. B. Tafel / Arbeitsblatt
	Optionale Phase	o zusätzliche Vernetzungsleistungen		
		o Hausaufgabe		

⇨ **Infoschub:**

Unter Analyse- und Planungsgesichtspunkten geht die **kritisch-kommunikative Didaktik** explizit auf den Aspekt der Unterrichtstörungen ein. Rainer Winkel hat auf der Grundlage der wesentlichen Arbeiten von Karl-Hermann Schäfer und Klaus Schaller (1985) die Strukturen des Unterrichts untersucht. Er nennt vier Aspekte, die bei der Beschreibung und damit auch für die Planung von Unterricht bedeutungsvoll sind (2002, 101; s. a. 2005):

- Vermittlung
- Inhalt
- Beziehungen
- Störungen

Die vier Faktoren greifen im Verlaufe unterrichtlicher Prozesse ineinander, sind aufeinander bezogen und voneinander abhängig. Der Gesichtspunkt der **Störungen** kann (wie auch die übrigen) genauer differenziert werden. So lassen sich in dieser Hinsicht unterscheiden (Winkel 2002, 103):

- Störungsarten
- Störungsfestlegungen
- Störungsrichtungen
- Störungsfolgen
- Störungsursachen

Es ist sicher ein Verdienst der kritisch-kommunikativen Didaktik, „die prinzipielle Störanfälligkeit jedweden Unterrichts in das Zentrum der Analyse und Planung gerückt" zu haben. Die Realität alltäglichen Unterrichtens und Erziehens dürfte dadurch besser getroffen sein als durch die oft idealisierten Topoi anderer didaktischer Ansätze (Winkel 2002, 109; s. a. Kliebisch / Meloefski 2007, 31ff.). Ergänzend sollte man berücksichtigen: Auch W. Klafki nennt in der Neufassung seiner Didaktischen Analyse den Aspekt der Störungen ausdrücklich (2002, 18), sieht sie aber nicht so sehr im Mittelpunkt wie Winkel. Klafki versteht Störungen nur als einen Gesichtspunkt, dem sich die Bedingungsanalyse unter anderen widmen muss. Eine besondere Schwierigkeit liegt dabei für den Lehrer darin, mögliche Störungen in Art und Umfang angemessen zu antizipieren und sein Handeln darauf einzurichten.

⇨ ***Fallbeispiel: „Nadine stört."***

- Lesen Sie den nachfolgenden Text über Nadine, eine Problemschülerin.
- Bearbeiten Sie anschließend die nach der Situationsbeschreibung gestellten Fragen.
- Deuten Sie das Problemverhalten als Folge didaktischer Entscheidungen des Lehrers.
- Nennen Sie Maßnahmen, die Sie angesichts Ihrer Deutung des Falles dem Lehrer empfehlen würden.
- Überlegen Sie, welche anderen Deutungsaspekte für eine angemessene Einschätzung des Falles wichtig sind.

Weiter unten lesen Sie dann unsere Deutung der Situation.

Die Situation

Als Lehrer beobachten Sie dies: Die vierzehnjährige Nadine stört seit einiger Zeit auffallend häufig den Unterrichtsablauf, indem sie mit ihrer Freundin Olivia vor allem in Gruppenarbeitsphasen die gemeinsamen Erfahrungen des Vortags austauscht oder unter dem Tisch aktuelle Modezeitschriften ansieht. Selbstverständlich haben Sie schon so manches unternommen, um die Problem- und Störsituationen zu beheben: Mit Nadine haben Sie eindringliche Gespräche geführt und versucht, Nadine durch Appelle von ihrem störenden Verhalten abzubringen.

Natürlich haben Sie sich auch über Ihr eigenes Verhalten Gedanken gemacht, und manchmal haben Sie auch an Ihren Fähigkeiten als Lehrer und Erzieher gezweifelt: *Ein guter Lehrer muss das doch schaffen; er muss doch in der Lage sein, einen störungsfreien Unterricht abzuhalten; und als Erzieher muss er fähig sein, das Verhalten von Schülern so zu beeinflussen, dass die Kinder und Jugendlichen pünktlich zum Unterricht erscheinen, dass sie dem Unterricht aufmerksam folgen und ihre Konflikte gewaltfrei lösen.* Vielleicht ist Ihr Selbstbild schon arg ins Wanken geraten, als Sie sich Ihrer ganzen Hilflosigkeit bestimmten Schülerinnen und Schülern gegenüber erst einmal bewusst geworden sind.

Man kann als Lehrer schon verzweifeln, wenn man so hohe Ansprüche an sich stellt und immer wieder in Situationen gerät, in denen man diesen Ansprüchen einfach nicht gerecht werden kann. Aus verschiedenen Untersuchungen wissen Sie: *Gerade die Lehrer sind besonders stressgefährdet, deren Anspruch an sich selbst besonders hoch ist. Dass besonders Lehrer mit hohem Selbstanspruch hohen Belastungen ausgesetzt sind, ist leicht zu erklären: Gerade sie bemerken die Diskrepanz zwischen dem von ihnen angestrebten Soll-Zustand und dem tatsächlich Machbaren, dem Ist-Zustand, intensiver als jene Kollegen, deren Anspruch an ihre pädagogische Arbeit niedriger ist.*

Sie wollen als Lehrer guten Unterricht machen; die Schüler sollen bei Ihnen viel lernen. Und Sie wollen eine gute Beziehung zu den Schülern aufbauen. Daher setzen Sie die Schüler beim Arbeiten nicht unter Zeitdruck: Jeder Schüler soll sein eigenes Lerntempo haben, auch Nadine. Sie wird aber oft trotzdem nicht mit der gestellten Aufgabe fertig; denn Nadine redet viel mit ihrer Nachbarin und Freundin über Dinge, die mit dem Unterricht nichts zu tun haben. Und das stört Sie als Lehrer vor allem auch deshalb, weil Ihre bisherigen Interventionen Nadines Verhalten nicht ändern konnten.

Vor allem während der Gruppenphasen klinken sich Nadine und Olivia aus; schließlich sind sie meist in derselben Arbeitsgruppe, da bietet sich das gemeinsame Gespräch einfach an. Die mitgebrachten Zeitschriften tun ein Übriges, um die beiden abzulenken und in ihre eigene Traumwelt zu führen. Und Sie haben sich so viel Mühe mit den Aufgaben für die Gruppenarbeit gegeben. Alle kommen sofort in der Gruppe zusammen und erhalten dieselbe spannende Aufgabe. Gewundert haben Sie sich aber schon, dass nicht nur Nadine und Olivia „ausgestiegen" sind. Auch andere Schüler wie Christopher, Ben und Beate legen sich während der Arbeitsphase auf die faule Haut, schauen aus dem Fenster, schreiben Tagebuch oder versuchen, den Walkman einzuschalten. Sie haben die Vermutung, dass diese Schüler auch von Nadines und Olivias Verhalten beeinflusst sind.

Klar, Sie sind zu den Gruppentischen gegangen, haben sich ausführlich mit den Schülern unterhalten, auch mit Nadine; Sie haben Nadine und die übrigen säumigen Schüler ermahnt und zur Arbeit aufgerufen. So richtig genutzt hat das auch nichts. Um die verlorene Zeit wieder hereinzuholen, haben Sie dann einigen Schülern etwas klarer gezeigt, wie sie auf die Lösungen der Aufgaben kommen können. Und weil die meisten Arbeitsgruppen ohnehin keine Zeit mehr hatten, eine brauchbare Visualisierung der Arbeitsergebnisse anzufertigen, haben Sie das dann übernommen. Schließlich haben Sie ja sicherheitshalber immer die passenden Folien vorbereitet. Die Schüler durften das dann abschreiben. So haben Sie es am Ende doch oft noch geschafft, Ihre Lernziele zu erreichen.

Fragen zur Situation

Wie erleben Sie Schüler, die während einer Gruppenarbeit mit etwas anderem als dem Unterrichtsgegenstand beschäftigt sind?	
Wie würden Sie sich (bezogen auf das Beispiel) gegenüber Nadine verhalten?	
Wie begründen Sie Ihre Maßnahmen?	

Was genau wollen Sie durch Ihr Verhalten gegenüber Nadine erreichen? Nennen Sie Ihre Ziele.	
Wie wichtig sind Ihnen diese Ziele? Könnten Sie auf das Erreichen des einen oder anderen Ziels verzichten? Unter welchen Bedingungen wäre dies für Sie möglich?	
Welche Hypothesen haben Sie über Nadines Störverhalten?	
Welche Rolle spielt bei Ihrer Erklärung Nadines Freundin?	
Welche Bedeutung hat der Lehrer für das Störverhalten Nadines?	

Ihre Deutung aus didaktischer Sicht: Welche methodisch-didaktischen Fehler hat der Lehrer gemacht? Welche dieser Fehler haben Nadines Störverhalten auf welche Weise begünstigt?
Ihre Ratschläge an den Lehrer: Welche anderen didaktischen Entscheidungen, welches andere Verhalten hätten dem Lehrer geholfen, Nadines Störverhalten zu verringern?

Und so deuten wir die Situation

Natürlich lässt sich Nadines Verhalten nicht allein durch die didaktischen Fehlentscheidungen des Lehrers erklären. Insofern ist unsere Deutung zweigeteilt. Beschäftigen wir uns zunächst mit den Fehlern des Lehrers und der Frage, wie diese Fehler das Störverhalten Nadines unterhalten. Was macht der Lehrer falsch? Hier die wichtigsten Punkte:

- Der Lehrer räumt den Schülern die Zeit ein, die diese einfordern. Dadurch reduziert sich das Lerntempo der gesamten Lerngruppe; denn die Schüler haben keine klaren Zielvorgaben mehr. Mangelnde Ziele aber reduzieren die Motivation. Langsameres Arbeiten, Ausweichverhalten und geringe Konzentration auf das Thema sind die Folgen. Nadines Störverhalten wird stabilisiert.
- Der Lehrer führt zwar Gruppenarbeit durch, setzt dabei aber offenbar keine kooperativen Arbeitsformen ein. Dies führt in den Gruppen zur raschen Hierarchiebildung der Teilnehmer: Einige wenige übernehmen die Arbeit, andere klinken sich aus. Auch Nadine kann sich dadurch dem Gespräch mit ihrer Freundin widmen, ohne in der Gruppe negativ aufzufallen und Verantwortung übernehmen zu müssen.
- Der Lehrer vertraut darauf, dass die Schüler die Arbeitsgruppen selbstständig bilden. Das tun sie auch, aber nicht unter dem Aspekt optimierter Arbeitsmöglichkeiten, sondern meist unter dem Gesichtspunkt gegenseitiger Sympathie. Daher kommt es dazu, dass Nadine und ihre Freundin zusammen in einer Arbeitsgruppe sind, eine günstige Voraussetzung für die störenden Gespräche.
- Der Lehrer wartet nach der Arbeitsphase nicht die Ergebnisse der Gruppe ab, sondern visualisiert die möglichen Ergebnisse durch eigene Folien. Dadurch entwertet er den gesamten Arbeitsprozess. Die Schüler bekommen den Eindruck, dass nicht ihre Arbeit wichtig ist, sondern der Lehrer ohnehin nur aus ihnen herausholen möchte, was er sich überlegt hat. Auch diese Botschaft des Lehrers wird Nadine nicht zum Arbeiten bewegen.
- Bei vorangeschrittener Zeit und unergiebigem Arbeitsverhalten betreut der Lehrer die Schüler intensiver als sonst. Dadurch signalisiert er den Schülern: Ihr könnt damit rechnen, dass ich euch helfe, wenn ihr am Ende nicht genug Zeit habt. Die Schüler verlassen sich darauf und vertrödeln während der Arbeit Zeit mit anderen Aktivitäten. Nadine unterhält sich derweil mit ihrer Freundin.

Gerade in dem zuletzt beschriebenen Vorgehen des Lehrers liegt ein weiteres Problem, das Nadines Störverhalten am Leben erhält. Der Lehrer möchte Nadines Verhalten in eine von ihm gewünschte Richtung lenken. Deshalb geht er zu den Gruppentischen und redet ausführlich mit Nadine, er ermahnt sie und fordert sie zur Mitarbeit auf. Diese Intervention blockiert aber (zusammen mit den beschriebenen didaktischen Aspekten) Nadines Verhalten nicht, sondern verstärkt es geradezu. Wie kommt das?

Um zu verstehen, wie man das Verhalten von Menschen ändern kann, muss man zunächst verstehen, weshalb Menschen sich überhaupt so verhalten, wie sie es tun. Menschen verhalten sich nicht einfach willkürlich in einer beliebigen Weise, auch wenn dies für Außenstehende manchmal so erscheinen mag. Jedes menschliche Verhalten hat unter innerpsychischen Aspekten für die Person einen Sinn: Mindestens in einem Kontext hat jedes Verhalten einen primären Nutzen für die betreffende Person, sonst hätte sie das Verhalten nicht gelernt und würde es nicht anwenden. Außerdem hat manches Verhalten in bestimmten Kontexten einen **sekundären Nutzen**. Manchmal wird dieser sekundäre Nutzen von der Person so hoch bewertet, dass in derselben Situation auftretende Nachteile dadurch kompensiert werden.

Machen wir uns an einem Beispiel klar, worin der primäre und der sekundäre Nutzen bei einem Störverhalten liegen können: Nehmen wir Nadine, die sich während des Unterrichts mit ihrer Freundin unterhält. Für Nadine liegt der primäre Nutzen ihres Verhaltens darin, sich ablenken zu können, eine Rückmeldung von ihren Klassenkameraden zu bekommen und dadurch die Belastungen des Unterrichts oder ihre Langeweile zu kompensieren. Allerdings kann sie diesen primären Nutzen während des Unterrichts nicht wirklich auskosten; schließlich ermahnt sie der Lehrer immer wieder und fordert sie auf, die Seitengespräche zu beenden und stattdessen dem Unterricht zu folgen. Dadurch können sich Nadines Gespräche mit ihrer Freundin natürlich kaum entwickeln, haben also keinen wirklichen Nutzen für sie.

Doch für Nadine gibt es noch einen sekundären Nutzen in derselben Situation: Die Nebengespräche mit den Mitschülern fallen dem Lehrer natürlich auf; der Lehrer fühlt sich dadurch gestört, außerdem behindert Nadines Verhalten den Fortgang des Unterrichts. Zudem fühlt sich der Lehrer dafür verantwortlich, auch Nadine am Unterrichtsgeschehen zu beteiligen: Also wendet sich der Lehrer Nadine zu, indem er diese ermahnt und auffordert, dem Unterricht zu folgen.

Nadine erfährt also durch ihr Störverhalten (negative) Zuwendung durch den Lehrer. Diese Zuwendung muss Nadine ziemlich wichtig sein, sonst würde sie nicht immer wieder das Gespräch mit den Mitschülern suchen und dabei die negative Konsequenz in Kauf nehmen, vom Lehrer ermahnt zu werden. Ein weiterer sekundärer Nutzen könnte für Nadine darin liegen, auch von ihren Mitschülern beachtet zu werden, wenn sie im Unterricht immer wieder stört. Vielleicht hat Nadine inzwischen den Ruf, Störerin zu sein. Das Stören gehört gleichsam zu ihr, wie bei anderen Menschen andere Verhaltensweisen als selbstverständliche Elemente deren Verhaltens erlebt werden (Typisierung). Vielleicht erfährt Nadine gerade auch darüber Anerkennung von ihren Mitschülern, dass sie stört und sich so „souverän" über die Anweisungen und Aufforderungen des Lehrers hinwegsetzt.

Primärer Nutzen

- **Seitengespräche mit den Mitschülern**

Sekundärer Nutzen

- **Zuwendung durch den Lehrer**
- **Anerkennung durch die Mitschüler**

Fassen wir zusammen: Für Nadine wäre es also nicht sinnvoll (= nützlich), würde sie ihr Störverhalten aufgeben. Eine Veränderung ihres Verhaltens in Richtung auf das vom Lehrer gewünschte Verhalten brächte Nadine letztlich nur Nachteile. Der primäre Nutzen, Kontakt mit den Mitschülern aufzunehmen, ginge dann ebenso verloren wie der sekundäre Nutzen: Nadine erführe von ihrem Lehrer keine Zuwendung mehr in Form von Ansprache und Ermahnung und vielleicht verlöre Nadine sogar die Achtung ihrer Klassenkameraden, wenn sie sich in Zukunft als „braves Mädchen" zeigte.

Der primäre Nutzen überwiegt für Nadine also nicht; ihr Störverhalten wird vielmehr durch den sekundären Nutzen in Gang gehalten, vom Lehrer soziale Zuwendung zu erfahren, auch wenn die Zuwendung nur in Ermahnungen besteht und daher „negativ" ist. Darüber hinaus könnte auch die Zuwendung durch die Mitschüler eine Rolle dabei spielen, dass Nadine ihr Verhalten fortsetzt. Hinzu kommt, dass der Lehrer durch seine didaktischen Fehlentscheidungen vieles dafür tut, den Mechanismus in Gang zu halten. Die didaktischen Fehlentscheidungen des Lehrers helfen Nadine also, ihr Störverhalten fortzusetzen.

Profi-Aufgaben

- ❑ **Welche drei didaktischen Entscheidungen würden Sie auf jeden Fall treffen, damit Schüler Ihren Unterricht nicht oder weniger stören (können). Begründen Sie Ihre Auffassung.**

Entscheidung	Begründung

❑ **Inwieweit können Lehrer durch didaktische Entscheidungen Unterrichtsstörungen vorbeugen? Ziehen Sie aus Ihrer Antwort Schlüsse für Ihr Handeln im Unterricht.**

Schlussfolgerungen für mein Handeln

2.5. Maßnahmen gegen Unterrichtsstörungen

Geeignete Maßnahmen gegen Unterrichtsstörungen setzen eine sinnvolle Analyse der Störungen voraus. Maßnahmen können kurzfristig (z. B. in der laufenden Unterrichtsstunde) oder langfristig (z. B. als Prophylaxe) erforderlich und sinnvoll sein. Die folgende Liste zeigt mögliche **Interventionen**.

- Seien Sie Vorbild in Auftreten, Verhalten, Kleidung und Sprache!
- Machen Sie sich beliebt, ohne sich anzubiedern!
- Gestalten Sie Ihren Unterricht abwechslungsreich!
- Seien Sie offen für die Live-Erfahrung des Unterrichts!
- Moderieren Sie Unterrichtsgespräche zielführend!
- Nehmen Sie die Schüler und deren Interessen ernst!
- Machen Sie sich klar: Auch störende Schüler tun gerade das Beste, was sie können!
- Sprechen Sie nur, wenn es in der Klasse ruhig ist!
- Sprechen Sie bewusst leise und erhöhen Sie so die Aufmerksamkeit!
- Seien Sie omnipräsent! Nutzen Sie dazu nonverbale Signale!
- Machen Sie sich Ihre Vorlieben und Abneigungen klar!
- Stellen Sie sich neben sich; sehen Sie sich die Situation mit Distanz an!
- Ignorieren Sie das Störverhalten von Schülern!
- Verhalten Sie sich kongruent!
- Seien Sie konsequent und zeigen Sie gleichzeitig Verständnis!
- Seien Sie berechenbar!
- Reagieren Sie rasch auf Störungen!
- Deuten Sie die Situation ins Positive um!
- Nutzen Sie Ich-Botschaften!
- Hören Sie reflektierend und aktiv zu!
- Seien Sie emphatisch!
- Zeigen Sie emotionale Wärme!
- Stellen Sie zur Klärung von Störungen geeignete Fragen!
- Interessieren Sie sich für das Störverhalten und dessen Ursachen!
- Sprechen Sie die störenden Schüler direkt und mit Namen an!
- Stellen Sie niemanden bloß!

- Reden Sie mit störenden Schülern außerhalb des Unterrichts!
- Vertreten Sie Werthaltungen, ohne rigoristisch zu sein!
- Klären Sie die Ursachen der Störungen und die Motive der Störenden!
- Nutzen Sie die Ihnen bekannten Deutungsmöglichkeiten für Störungen!
- Rechnen Sie mit psychologisch erklärbaren Hintergründen der Unterrichtsstörungen!
- Akzeptieren Sie die Schüler!
- Verzichten Sie auf Wertungen und Strafen!
- Machen Sie sich bewusst: Störende Schüler brauchen Ihre Hilfe!
- Loben Sie die Schüler für angemessenes Verhalten und gute Lernergebnisse!
- Erlauben Sie sich und den Schülern Emotionen und Fehlverhalten!
- Durchkreuzen Sie den Erwartungshorizont der Schüler!
- Vereinbaren Sie mit Schülern Kommunikations- und Verhaltensregeln!
- Halten Sie sich selbst an diese Regeln!
- Vermeiden Sie Schreien und Beschimpfungen!
- Führen Sie in der Klasse / Gruppe Rituale ein!
- Schließen Sie mit Schülern Verträge und halten Sie diese selbst ein!
- Geben Sie den Schülern echtes Feedback!
- Machen Sie den Schülern Mut!
- Haben Sie Humor und lachen Sie mit den Schülern!
- Lachen Sie über sich selbst!
- Geben Sie Pannen und Fehler zu!
- Lassen Sie die Schüler kooperativ arbeiten!
- Übertragen Sie den Schülern Verantwortung!
- Fordern und fördern Sie die Schüler!
- Denken Sie rational, und gewinnen Sie einen Blick für das Machbare!
- Klären Sie Ihre irrationalen Vorannahmen und Vorurteile!
- Definieren Sie Ihr Selbstverständnis als Lehrer!
- Werden Sie für Schüler zum lernenden Helfer!
- Werden Sie ichstark und zeigen Sie es!
- Seien Sie souverän und handeln Sie entsprechend!
- Lassen Sie hin und wieder Gnade vor Recht ergehen!
- Kontrollieren Sie Ihre Gefühle durch gezieltes Denken!

- Nutzen Sie Anti-Stress-Übungen!

Und in Bezug auf Ihr Selbst-Management:

- Organisieren Sie sich beruflich und privat!
- Arbeiten Sie strategisch und effizient!
- Managen Sie Ihr Leben und Ihre Ressourcen!
- Formulieren Sie positive Vorsätze und verinnerlichen Sie diese!
- Treffen Sie Entscheidungen, wenn und wie sie nötig sind!

Aufgabe

- ❑ Bringen Sie die Maßnahmen in eine Ordnung. Was ist Ihnen das Wichtigste? Was soll an zweiter Stelle folgen? Nennen Sie die zehn wichtigsten Punkte.
- ❑ Konkretisieren Sie diese zehn Maßnahmen anschließend.
- ❑ Überlegen Sie, wie jede der zehn Maßnahmen Ihnen helfen kann, Unterrichtsstörungen zu vermeiden oder zu beheben.

Im Folgenden zeigen wir an einigen Beispielen Handlungsmöglichkeiten für konkrete Störsituationen.

⇨ Beispiel: Seitengespräche

⇨ Worum geht es?

Eine der häufigsten Störungen aus Lehrersicht sind Unruheherde im Klassenraum: Zwei Schüler reden während eines gelenkten Unterrichtsgesprächs mehr oder weniger laut miteinander, ohne vom Lehrer dazu aufgefordert zu sein. Sie fühlen sich als Lehrer durch die Seitengespräche abgelenkt und nehmen an, dass dies – schon durch die Lautstärke – auch für die Lerngruppe gilt.

⇨ So funktioniert es:

- Unterbrechen Sie den Unterrichtsgang und fragen Sie die betreffenden Schüler nach dem Grund für das Seitengespräch. – Denn: Störungen haben Vorrang.

Oder:

- Ignorieren Sie das Seitengespräch. – Denn: Viele Störungen bestehen aufgrund eines Wunsches nach Aufmerksamkeit und erledigen sich von selbst, wenn der Lehrer die Störungen ignoriert.

Oder:

- Ignorieren Sie die Störung während des Unterrichts. Sprechen Sie aber nach dem Unterricht mit den Schülern, die gestört haben! – Denn: Durch Herausnehmen der Schüler aus der Klassensituation ist Ihr Einfluss auf die Störer größer.

Oder:

- Unterbrechen Sie den Unterrichtsgang und bitten Sie die Störer durch ein Feedback nachdrücklich, das Seitengespräch zu beenden! – Denn: Feedbacks schaffen bei den störenden Schülern Aufmerksamkeit für das Gestörtsein des Lehrers.

⇨ *Darauf sollten Sie achten:*

- Stellen Sie sich bei Interventionen im Klassenraum vor die Gruppe!
- Zeigen Sie eine offene und stabile Körperhaltung!
- Schauen Sie die Schüler an!
- Sprechen Sie die störenden Schüler direkt und mit Namen an!
- Zeigen Sie ein zur Situation passendes Gesicht (Mimik)!
- Treten Sie bestimmt auf, und bleiben Sie trotzdem freundlich!
- Sprechen Sie klar, laut und deutlich!
- Vermeiden Sie Diskussionen!
- Reden Sie nach Möglichkeit nur in eine (relativ) ruhige Situation hinein!

⇨ ***Beispiel: Nebentätigkeiten***

⇨ *Worum geht es?*

Zwei Schüler beschäftigen sich während des Unterrichts immer wieder gezielt mit anderen Dingen als mit dem Unterrichtsgegenstand: Die beiden Schüler lesen unter der Bank eine Zeitschrift, versuchen Walkman zu hören, programmieren ihr Handy oder schreiben eine SMS, sie malen in ihren Heften oder spielen unter dem Tisch Karten. Sie fühlen sich als Lehrer durch das Schülerverhalten gestört und befürchten, dieses Störverhalten könnte auch bei weiteren Schülern Anklang finden.

⇨ *So funktioniert es:*

- Ignorieren Sie das Schülerverhalten, solange die Schüler ruhig sind! – Denn: Viele Nebentätigkeiten werden für Schüler uninteressant, wenn man ihnen diese nicht ausdrücklich verbietet.

Oder:

➢ Stellen Sie sich unmittelbar vor die Schüler, schauen Sie diese prüfend an. Schweigen Sie dabei. – Denn: Den Schülern ist klar, was Sie wollen!

Oder:

➢ Unterbrechen Sie den Unterricht. Geben Sie den Schülern ein echtes Feedback. Sagen Sie ihnen deutlich, dass Sie sich durch ihr Verhalten gestört fühlen.

Oder (während einer Gruppenphase):

➢ Stellen Sie sich neben die Schüler und interessieren Sie sich ernsthaft für die Nebentätigkeit. – Denn: Eine gezielte Umkehrung der Schülererwartung führt zur Konfusion und diese dann dazu, die anschließende Aufforderung des Lehrers zur Korrektur des Verhaltens auch umzusetzen.

⇨ *Darauf sollten Sie achten:*

➢ Bleiben Sie gelassen und kontrollieren Sie Ihre Gefühle!

➢ Seien Sie emphatisch, wenn Sie sich für Nebentätigkeiten interessieren!

➢ Lachen Sie über den Ernst, den Sie bisher in solche Situationen hineingelesen haben! Denn: Die Schüler meinen nicht Sie!

➢ Nehmen Sie Nebentätigkeiten ernst als Ausdruck wirklichen Schülerinteresses!

⇨ ***Beispiel: Verspätungen***

⇨ *Worum geht es?*

Ein Schüler kommt zehn Minuten zu spät zu Ihrem Unterricht.

➢ Ignorieren Sie das Verhalten! – Denn: Einmal ist keinmal!

Oder:

➢ Kommentieren Sie die Verspätung ironisch und mit einem Lächeln auf den Lippen. – Denn: Die Ironie schafft eine Irritation. Das Lächeln hebt die Kommentierung in gewisser Weise auf. Der Kommentar gibt dem Verhalten aber Bedeutung. Alles wirkt auf den Verspäteten und zugleich auf die Klasse verunsichernd und zugleich als warnender Hinweis: Der Lehrer könnte auf das Schülerverhalten auch nachdrücklicher reagieren. Wann und bei wem wird er es wohl tun? – Aber Achtung: Ironische Bemerkungen können auch missverstanden werden!

Oder (bei häufigen Verspätungen):

- Bitten Sie den Schüler nach dem Unterricht zu einem Gespräch. Fragen Sie emphatisch nach den Ursachen der Verspätungen. – Denn: Manchmal gibt es akzeptable Gründe für Verspätungen, auch für häufige Verspätungen.

Oder (bei häufigen Verspätungen):

- Bitten Sie den Schüler nach dem Unterricht zu einem Gespräch. Geben Sie dem Schüler den Auftrag, eine Woche lang genau aufzuschreiben, was er am Morgen nach dem Aufstehen tut. – Denn: Bewusst machen von Verhalten hilft, Fehlverhalten zu erkennen und abzustellen.

Oder (bei häufigen Verspätungen):

- Geben Sie dem Verspäteten ein Feedback, und weisen Sie daraufhin, dass sein Verhalten Sie stört. – Denn: Erst ein Feedback macht den Störaspekt deutlich!

⇨ *Darauf sollten Sie achten:*

- Tragen Sie die Namen der Verspäteten in das Klassenbuch / die Kursmappe ein.
- Interpretieren Sie Verspätungen von Schülern als ein Defizit in deren Sozialisation, nicht als Ausdruck einer gezielten Geringschätzung des Lehrers!
- Vermeiden Sie (auch in Gesprächen mit Schülern) jede Diskussion über das Fehlverhalten! Bleiben Sie ruhig und behalten Sie Distanz zum Geschehen!
- Hören Sie in Gesprächen mit Schülern reflektierend und aktiv zu, und vermitteln Sie zugleich klar und deutlich Ihre Zielperspektive!
- Pädagogische Maßnahmen dürfen vom Schüler / seinen Eltern nicht als Strafmaßnahmen verstanden werden. Begründen Sie die Maßnahmen angemessen.

Über diese Maßnahmen hinaus kann es eine gute Hilfe für Sie sein, Ihr Selbstbild zu stärken. Dazu können Sie die folgende Übung machen:

⇨ *Übung: Powerbild*

1. Schritt

- ❍ Setzen oder legen Sie sich bequem hin; schließen Sie die Augen und konzentrieren Sie sich.
- ❍ Stellen Sie sich vor, Sie sitzen in Ihrem Lieblingskino, sagen wir in der fünften Reihe. Sie schauen auf die Leinwand.
- ❍ Machen Sie sich ein inneres Bild von sich selbst; Sie sehen dieses Bild übergroß auf der Leinwand Ihres Lieblingskinos.

Das Bild auf der Leinwand zeigt Sie als jemanden,

- ☐ der im Vollbesitz seiner geistigen und körperlichen Kräfte ist und / oder
- ☐ der sich ausgesprochen wohl fühlt und / oder
- ☐ der ruhig, entspannt und gelassen ist und / oder
- ☐ der souverän ist und /oder
- ☐ der fähig ist, problemlos und wirkungsvoll mit Unterrichtsstörungen umzugehen.

2. Schritt

- ❍ Genießen Sie das positive Gefühl, das das Bild auf der Leinwand in Ihnen auslöst. Lassen Sie sich Zeit dabei, die Erfahrung zu erleben.
- ❍ Springen Sie jetzt in Ihrer Vorstellung in das Bild auf der Leinwand hinein, genau an die Stelle, an der Sie sich vorher von außen haben sehen können.
- ❍ Spüren Sie, wie es ist, diese positive Erfahrung ganz von innen zu erleben.
- ❍ Wickeln Sie sich in das positive Gefühl ein wie in eine Decke, und nehmen Sie das Gefühl mit, wenn Sie jetzt aus dem Bild aussteigen und sich wieder auf den Zuschauerplatz in Ihrem Lieblingskino begeben.

3. Schritt

- ❍ Bauen Sie in Ihrer Vorstellung eines der folgenden Bilder auf:
- ☐ Sie sehen vor sich einen bunten, runden, flauschigen Teppich auf dem Boden liegen.
- ☐ Malen Sie einen bunten Kreis auf den Boden, der etwa 2 Meter Durchmesser hat.
- ☐ Sie sehen vor sich ein bunt gekacheltes Schwimmbecken mit angenehm temperiertem Wasser.
- ☐ Sie stehen vor der bunten Tür eines fiktiven Raumes, der Sie einlädt einzutreten.

4. Schritt

- ❍ Atmen Sie nun tief ein und – je nach Ihrem Vorgehen in Schritt 3 – führen Sie gleichzeitig in Ihrer Vorstellung eine der folgenden Bewegungen aus:
- ☐ Treten Sie barfuß auf den Teppich.
- ☐ Treten Sie in den Kreis.
- ☐ Springen Sie mit Badekleidung in das Wasser.
- ☐ Gehen Sie in das Zimmer.

5. Schritt

- ❍ Machen Sie die Bewegung aus Schritt 4 rückgängig; legen Sie dann Ihr Powerbild an einer geeigneten Stelle in Ihrem Kopf ab. Wiederholen Sie anschließend mehrfach die Schritte 1 bis 3.

6. Schritt
❍ Beim Wiederholen von Schritt 4 sagen Sie sich, sobald Sie in Ihrer Vorstellung die Bewegung ausführen, im Geiste laut ein Codewort, das Sie mit dieser Ressource verknüpfen wollen.
7. Schritt
❍ Wiederholen Sie die Schritte 5 und 6 mindestens fünfmal.

2.6. Erklärungen für Verhaltensstörungen

Unterrichtsstörungen sind oft Ausdruck von Verhaltensstörungen. Kinder und Jugendliche gelten dann als verhaltensgestört, wenn sie im Vergleich mit anderen sozial besonders auffällig werden. Aggressionen oder das Ausweichen vor Leistungsansprüchen der Schule dienen verhaltensgestörten Heranwachsenden dazu, sich aus der **Isolation** zu befreien, in die sie durch die Verhaltensstörung mehr und mehr geraten sind. Gravierende Verhaltensstörungen gehören in die Hand von Psychiatern, Psychologen, Sozialarbeitern und Sonderpädagogen. Leichtere Fälle dagegen sollten auch von Lehrern erkannt, angemessen diagnostiziert und mit Hilfe geeigneter didaktischer Entscheidungen und zusätzlicher persönlicher Beratung gebessert werden. Wichtig ist es zu verstehen: Die vom Lehrer beobachtete Unterrichtsstörung ist im Falle verhaltensgestörter Kinder und Jugendlicher stets nur Ausdruck der hinter dieser Störung verborgenen Verhaltensproblematik. Diese muss kompensiert werden. Daher helfen hier solche Interventionen nicht oder nur sehr kurzfristig, die wir im vergangenen Kapitel vorgestellt haben.

Verhaltensstörungen können viele Ursachen haben. Zur Erklärung dieser Ursachen sind vor allem psychologische Modelle hilfreich. Viele Lehrer nutzen eine Mischung aus verschiedenen wissenschaftlichen Annahmen, um konkretes Störverhalten zu erklären, das aus Lern- und Verhaltensdefiziten resultiert. An dieser Stelle beschränken wir uns auf drei gängige psychologische **Erklärungshypothesen** (vgl. a. Jürgens 2005):

a) **psychoanalytisch**
b) **lerntheoretisch**
c) **gesprächspsychotherapeutisch**

2.6.1. Psychoanalytische Deutung: „Susanne ist nicht motiviert."

> ⇨ *Hinweis:*
> *Lesen Sie bei Bedarf zunächst den Theorieschub in Kapitel 2.6.2., wenn Sie zur Psychoanalyse und TZI noch keine Grundkenntnisse haben.*

⇨ ***Fallbeispiel: Susanne ist nicht motiviert.***

- Lesen Sie den nachfolgenden Text über Susanne, eine Problemschülerin.
- Bearbeiten Sie anschließend die nach der Situationsbeschreibung gestellten Fragen.
- Deuten Sie die Situation aus psychoanalytischer Sicht.
- Nennen Sie Maßnahmen, die Ihnen angesichts Ihrer Deutung des Falles angemessen erscheinen.
- Begründen Sie diese Maßnahmen.

Weiter unten lesen Sie dann unsere Deutung der Situation.

Die Situation

Susanne ist ein Sorgenkind, zumindest meinen das ihre Lehrer und ihre Eltern. Die Eltern haben einiges unternommen, um mit dem Problem fertig zu werden; aber alles scheint bisher vergeblich. Susanne ist einfach nicht zum Lernen zu motivieren.

Dabei könnte alles so einfach sein! Schuleignungstests haben längst gezeigt: Susanne ist intelligent genug, um den Ansprüchen der 7. Klasse des Gymnasiums zu genügen, in der sie jetzt ist. Doch Susanne hat keine Lust; Mathematik und Latein sind die Fächer, mit denen sie schon seit Anfang der Erprobungsstufe Schwierigkeiten hat. Diese Probleme haben sich immer weiter verschärft und gefährden jetzt ihre Versetzung.

Susanne hatte lange Zeit Nachhilfeunterricht in ihren Problemfächern; letztlich aber ohne durchschlagenden Erfolg. Die Lehrer sind davon überzeugt, dass Susanne ja könnte, wenn sie nur wollte. Aber sie will offenbar nicht.

Irgendwie sind alle ratlos, die Susanne mögen und sich bisher redlich um sie gekümmert haben. Da fällt auch manches böse und aggressive Wort: Denn Susanne will einfach nicht hören, so glauben alle. Und vielleicht kann man ja durch Appelle doch noch etwas retten.

Und Susanne? Sie scheint kein Problem mit der Situation zu haben, zumindest nicht das Problem, das ihre Eltern und die Lehrer sehen. „Wenn ich schon sitzen bleiben muss, dann bleibe ich eben sitzen", sagt sie immer wieder. Susanne mag den Stress mit ihren Eltern und mit den Lehrern überhaupt nicht; schließlich weiß sie ja von ihrer Freundin Beate, dass es gar nicht so schlimm ist, eine Klasse zu wiederholen. Im Unterricht schaltet Susanne mehr und mehr ab; sie träumt, liest Comics unter der Bank oder schreibt eine SMS an ihren Freund Tim. Sie reagiert aggressiv bis pampig, manchmal aber auch nur apathisch, wenn sie vom Lehrer auf ihr Verhalten angesprochen wird.

Und überhaupt: Susanne fühlt sich in der Lerngruppe nicht wohl, in der sie jetzt ist. Seit ihre Freundin Beate weg ist, hat sie dort eigentlich keine echte Freundin mehr; das geht ihr ganz schön an die Nieren. Susanne glaubt, dass die Schule nichts für sie sei; das Lernen mache ihr einfach keinen Spaß mehr.

Tatsächlich war dies auch mal anders: In der Grundschule war Susanne immer eine von den Besten, sie war auch erfolgreicher als Beate, mit der sie seit dem ersten Schuljahr eine Sitzbank geteilt hat. Susanne war ehrgeizig und sorgfältig, die Leistungen waren dann auch entsprechend gut. Alles Gründe, die die Eltern ganz sicher machten: Susanne gehört auf das Gymnasium.

Fragen zur Situation

➢

Wie beurteilen Sie Susannes tatsächliche Leistungsfähigkeit?	
Wie sinnvoll waren die bisherigen Maßnahmen der Eltern?	
Was bedeutet für Sie „*Susanne hat keine Lust.*“?	

Wie zeigt sich diese Lustlosigkeit wohl (zu Hause, im Unterricht, unter Freunden)?	
Wie unterscheidet sich Susannes Sicht von der ihrer Eltern? Wie erklären Sie sich diese Unterschiede?	
Welche Rolle spielt für Susanne ihre Freundin Beate?	
Wie schulmüde ist Susanne insgesamt? Woran liegt das Ihrer Meinung nach?	
Welche Maßnahmen können bei Schulmüdigkeit sinnvoll sein?	

Ihre Deutung aus psychoanalytischer Sicht
Ihre Maßnahmen (inkl. Begründung)

Und so deuten wir die Situation

Susannes Problem liegt nicht auf der intellektuellen Ebene. Die Erfahrungen in der Grundschule, die Berichte ihrer jetzigen Lehrer und die Ergebnisse der Schuleignungstests zeigen: Susanne kann intellektuell den Ansprüchen des Gymnasiums genügen. Dennoch klappt es nicht. Wo liegt das eigentliche Problem?

Susannes Motivation scheint stark extrinsisch, also von außen geleitet zu sein. Das Ziel, in Mathematik besser zu werden, scheint allein nicht auszureichen, um eine Verhaltensänderung herbeizuführen. Aber auch ein erwartbares Lob der Eltern scheint nicht zu genügen, um eine Veränderung in Susannes Verhalten zu erzeugen. Psychoanalytisch bedeutet dies: Susannes Überich steuert nicht hinreichend ihr Verhalten. Sie ist in dieser Situation eher esorientiert. Wie kommt es dazu?

Offenbar spielt Susannes Freundin Beate eine wesentliche Rolle in dem Spiel: Beate ist Susannes beste Freundin, zugleich aber konnte sich Susanne immer auch von Beates Leistungen abheben. Das in jedem Menschen angelegte Bedürfnis nach Überlegenheit war so für Susanne leicht und direkt zu befriedigen. Die Möglichkeit, besser als andere zu sein, die damit verbundene Freude und Macht, das Gefühl, etwas wert zu sein und aufgrund der erbrachten Leistung eine soziale Bedeutung zu haben, all das existiert für Susanne nicht mehr. Die Möglichkeit, diese Bedürfnisse zu befriedigen, scheint für Susanne vertan, seit Beate die Klasse verlassen musste. Seither hat Susanne Schwierigkeiten, den Anschluss zu finden. Die Perspektivlosigkeit im Blick auf die angestrebte Bedürfnisbefriedigung lässt sie passiv werden. So geht sie möglichen Frustrationen aus dem Wege. Ihre Leistungen in den von Anfang an problematischen Fächern Mathematik und Latein werden dadurch aber zu einem wirklichen Problem, das sie bald nicht mehr beherrschen kann.

2.6.2. Theorieschub: Psychoanalyse / Themenzentrierte Interaktion (TZI)

Die **Psychoanalyse Freuds** (1992) beschreibt die Persönlichkeit mit Hilfe von drei Instanzen: **Es, Ich und Überich (Psychischer Apparat)**. Das Es ist hinsichtlich der Persönlichkeitsentwicklung die älteste Instanz; in ihr sind die Triebe, Bedürfnisse und Affekte des Menschen lokalisiert. Im Laufe der Persönlichkeitsentwicklung entstehen aus dem Es das Ich und das Überich. Das Überich ist (vereinfacht gesagt) das Gewissen des Menschen; das Überich repräsentiert die Norm- und Wertvorstellungen, die Menschen durch Erziehung erwerben und verinnerlichen. Es ist als moralische Instanz im Menschen Gegenspieler des Es. Das Ich ist die weitgehend bewusste Instanz, die kritisch-rational abwägen kann zwischen den Ansprüchen des Es und denen des Überichs. Die Vermittlung dieser Ansprüche orientiert sich stets an den Erwartungen, die die Realität an das Individuum stellt, und ist daher nicht dogmatisch. Ziel dieser Vermittlungsarbeit ist ein Ausgleich der inneren Konflikte mit dem Ziel eines seelischen Gleichgewichts.

Aus psychoanalytischer Sicht hält die reife, **ichstarke Persönlichkeit** eine Balance zwischen den Ansprüchen des eigenen Gewissens (Überich) und den persönlichen Bedürfnissen und Trieben (Es). Das Ich als handelnde und reflektierende Instanz zeigt seine Stärke in einem Handeln, das der Realität angemessen Rechnung trägt. Jeder unbalancierte Zustand innerhalb des Selbsts führt zu problematischen Reaktionen: Überichstarke Personen neigen überdurchschnittlich häufig zu Gehorsam, Passivität und überzogenem Anpassungsverhalten. Esstarke Menschen dagegen sind eher lustbetont, intuitiv, spontan und geben ihren aktuellen Bedürfnissen schneller und intensiver nach als stärker am Überich orientierte Menschen.

Ein **Übergewicht des Überichs oder des Es** bei Schülern kann zu Verhaltensmustern führen, die sich auch in Unterrichtsstörungen äußern können. Werden zum Beispiel Schüler mit einem starken Überich zu wenig geleitet, entwickeln sie schnell Ängste und werden übervorsichtig. Esstarke Schüler können durch Lenkung und Orientierung schnell die Lust am Lernen verlieren und aggressiv werden. Auch Lehrer können unter dieser Perspektive Störfaktoren werden: Überichstarke Lehrer neigen eher zu geschlossenen, sicheren und gelenkten Unterrichtsformen, während esstarke Lehrer mitunter Tendenzen zum Laissez-faire-Stil erkennen lassen.

Aus psychoanalytischer Sicht liegen die **Ursachen für Verhaltensprobleme** in der frühen Kindheit (**frühkindliche Fixierung**). Die Ursachen der Probleme sind für den Betroffenen unbewusst und bleiben es auch aufgrund von Verdrängungs- und Widerstandsmechanismen. Die **Aufgabe der Psychoanalyse** ist es, durch systematisches Aufarbeiten der verdrängten Inhalte diese wieder bewusst zu machen. Die so wieder bewussten Inhalte müssen danach aufgearbeitet und können damit endgültig verarbeitet werden. Nicht die in der Gegenwart des Betroffenen erkennbaren Symptome werden also behandelt, sondern die den Symptomen zugrunde liegenden Ursachen. Dabei schließt der Therapeut von der Symptomatik auf mögliche Ursachen; er interpretiert also (z. B. durch Traumdeutung) das Symptombündel. Die bloße Behandlung der äußeren Symptomatik eines problematischen Verhaltens würde aus der Perspektive der Psychoanalyse nur zu weiteren Problem-Symptomen führen. Die Problemlage würde dadurch also nicht gelöst, sondern allenfalls würde das Symptom verschoben. Dies kann dazu führen, dass sich das Problem noch stärker maskiert und entsprechend schwieriger aufzufinden ist (vgl. Freud 1994a; 1994b; vgl. zur Weiterentwicklung auch Adler 2006).

Im quasi-pädagogischen Raum hat vor allem **Ruth Cohn** in ihrem **Konzept der Themenzentrierten Interaktion (TZI)** Gedanken der Psychoanalyse aufgenommen und für die Erziehungs- und Unterrichtsarbeit fruchtbar gemacht (2004, 111ff.). Ansätze der TZI finden sich auch in der **lehrtheoretischen Didaktik** von W. Schulz (2002). R. Cohn nennt drei Faktoren, die die Interaktion von Gruppen strukturieren:

- Das **Ich** = das einzelne Gruppenmitglied mit all seinen Persönlichkeits- und Erfahrungsmerkmalen (psychologische Dimension)
- Das **Wir** = die Lern- oder Arbeitsgruppe mit all ihren internen Beziehungsmustern, auch im Verhältnis zum Ich (gruppentherapeutische Dimension)
- Das **Es** = das Thema mit all seinen inhaltlichen und didaktisch-intentionalen Facetten (akademisch-kognitive Dimension)

R. Cohn sieht diese drei Faktoren als interaktiv miteinander verbundene Eckpunkte eines gleichseitigen Dreiecks, das seinerseits in eine Kugel eingefügt ist. Diese Kugel repräsentiert die **Umgebung**, die historisch-gesellschaftliche Umwelt, in der die Gruppe zusammenkommt.

Aufgabe des Gruppenleiters und damit der gesamte Gruppe ist es, die **Balance** zu halten **zwischen Es, Ich und Wir**. Die „Interessen" der drei Faktoren müssen zur Geltung gebracht und doch zugleich auch relativiert und aufeinander bezogen werden. Das Ziel ist die Zufriedenheit des Einzelnen in der Gruppe und mit dem Thema. Aus drei anthropologischen Axiomen (Autonomie des Menschen, Ehrfurcht vor allem Lebendigen, Entscheidungsfreiheit innerhalb von Grenzen) leitet Cohn zwei **Postulate** und neun **Hilfsregeln** ab, die für die Teilnehmer interaktioneller Gruppen als Richtschnur gelten können (s. u. und ausführlicher 2004, 120ff.).

Postulate der TZI

❖ Sei der Herr deiner selbst und deines eigenen Tuns!

Nehmen Sie sich selbst und andere bewusst wahr. Suchen Sie nach Ihren eigenen Möglichkeiten und Grenzen. Respektieren Sie die Möglichkeiten und Grenzen anderer Menschen. Sorgen Sie dafür, dass Sie selbst und die anderen ihren Weg des Wachstums und der Entwicklung weitergehen können.

❖ Störungen haben Vorrang!

Achten Sie bei sich und den anderen auf Störungen, die den Gruppenprozess behindern oder sogar blockieren. Gehen Sie auf diese Störungen ein, besprechen Sie diese in der Gruppe. Wenden Sie sich erst dann wieder dem Thema zu, wenn Sie die Störungen bei sich und bei anderen erfolgreich bearbeitet haben.

Drei wichtige HILFSREGELN der TZI

⇨ Verwende Ich-Botschaften!

Sagen Sie stets, was Sie denken und fühlen. Vermeiden Sie Stellvertreter wie „wir" oder „man". Stehen Sie zu dem, was Sie sind, wie Sie denken und was Sie fühlen. Und stellen Sie sich den Reaktionen der anderen Gruppenmitglieder.

⇨ Sei du selbst und überlege, was du wann auf welche Weise sagst!

Bleiben Sie sich in Ihrer Kommunikation treu. Seien Sie mit sich identisch in Ihrem Fühlen, Denken und Sagen. Prüfen Sie, was Sie in welcher Situation sagen. Behalten Sie Ihr Interesse und das der Gruppe am produktiven Arbeiten im Auge.

⇨ Vermeide Verallgemeinerungen und Interpretationen!

Bleiben Sie bei der Sache und am Detail, um den Gruppenprozess zu befördern. Nehmen Sie bewusst wahr, was die anderen sagen und tun. Vermeiden Sie Deutungen; sie sind oft nicht wahr und fordern Widerspruch heraus.

Im Rahmen schulischen Unterrichts könnten die Postulate und Hilfsregeln der TZI Maßgaben sein für den Ablauf der kommunikativen Interaktion in der Lerngruppe. Dazu müssen vor allem die Regeln systematisch eingeführt und trainiert werden.

2.6.3. Lerntheoretische Deutung: „Peter ist aggressiv."

⇨ *Hinweis:*

Lesen Sie zunächst den Theorieschub 2.6.4., wenn Sie über behavioristische Lerntheorien, über Verhaltenstherapie oder über RET noch zu wenig wissen.

⇨ ***Fallbeispiel: Peter ist aggressiv.***

- Lesen Sie den nachfolgenden Text über Peter, einen Problemschüler.
- Bearbeiten Sie anschließend die nach der Situationsbeschreibung gestellten Fragen.
- Deuten Sie die Situation aus der Sicht der Lerntheorie.
- Nennen Sie Maßnahmen, die Ihnen angesichts Ihrer Deutung des Falles angemessen erscheinen.
- Begründen Sie Ihre Maßnahmen.

Weiter unten lesen Sie dann unsere Deutung der Situation.

Die Situation

Peter ist 16 Jahre alt; er ist ein Junge, der fast jedem Lehrer sofort auffällt: Peter kann nicht still sitzen, er kann sich nur selten und dann nur für kurze Zeit konzentrieren; er schwätzt im Unterricht oft oder malt manchmal wirre Linien in sein Hausheft. Und Peter hat Probleme, sein Verhalten zu kontrollieren, wenn er von seinen Mitschülern „angemacht" wird.

Eine Situation von vielen: Peter hat eine handgreifliche Auseinandersetzung mit Susanne. Die beiden haben sich geschlagen; dabei hat sich Susanne leicht am Kopf verletzt. Was war geschehen? Susanne hatte Peter wieder einmal mit seinem Spitznamen „Rolli" gehänselt und damit auf Peters Leibesfülle angespielt. Peter kennt das: Schon seit der Grundschule haben ihn seine Mitschülerinnen und Mitschüler damit aufgezogen, weil er ein paar Pfund mehr wiegt als der Durchschnitt. Dabei ist Peter durchaus sportlich und kann sich besser bewegen als mancher, der dem aktuellen Sportideal mehr entspricht.

Doch Peter ist unglücklich über die dauernde Hänselei; sie nervt ihn und er fühlt sich dadurch als Außenseiter. Er brüllt in die Klasse, wenn ihn die Mitschüler während des Unterrichts beleidigen. Auch Gespräche mit dem Klassenlehrer haben nicht dazu geführt, das Problem abzustellen. Die Mitschüler machen einfach weiter. Spricht man Peter auf sein aggressives Verhalten Susanne gegenüber an, reagiert er zunächst sauer: „Die hat wieder meinen Spitznamen an die Tafel geschrieben. Das mag ich einfach nicht. Die hat doch selber Schuld, wenn sie dann etwas abkriegt."

Im weiteren Verlauf solcher Gespräche ändert sich Peters Stimmung oft schlagartig: Ist er zunächst wütend, zeigt er sich dann plötzlich extrem sensibel; er fängt an zu weinen und beklagt sich unter Tränen: „Die verstehen mich alle nicht; das ist schon seit der Grundschule so. Ich möchte doch auch dazugehören." Die Lehrer haben ihre Schwierigkeiten mit solchen Situationen. Was sollen sie tun? Sie bemühen sich darum, einen Ausgleich zwischen Peter und Susanne herzustellen, versuchen zu erreichen, dass sich die beiden gegenseitig entschuldigen und versprechen, dass sie in Zukunft untereinander Frieden halten werden. Die Erfahrung zeigt aber, dass dieser Frieden meist nicht von langer Dauer ist. Immer wieder hört man, dass Peter durch gewalttätiges Verhalten auffällt.

Auch das Gespräch mit Peters Eltern hat wenig weitergeführt. Peters Eltern können nicht verstehen, dass Peter sich in der Schule so aggressiv verhält. Zuhause sei dies ganz anders; Peter habe noch einen älteren Bruder, mit dem er sich außerordentlich gut verstehe. Die beiden seien ein Herz und eine Seele; Streit gebe es unter den beiden eigentlich nie. „Vielleicht liegt es doch an der Klassengemeinschaft", mutmaßen die Eltern; einen Rat wissen aber auch sie nicht.

Fragen zur Situation

Wie glaubwürdig erscheinen Ihnen die Aussagen von Peters Eltern?	
Wie schätzen Sie die Situation in Peters Elternhaus ein?	

Welche Rolle spielen Peters Mitschüler bei der Sache?	
Welche Wirkung hat die Hänselei auf Peter?	
Wie kommt es bei Peter zu den aggressiven Ausbrüchen?	
Wie erklären Sie sich den raschen Stimmungsumschwung bei Peter: Zunächst wütend, dann traurig?	
Wie verändert die Situation mittel- und langfristig Peters Selbstbild?	

An welchen Stellen würden Sie Peters Eltern mit in den Prozess einbeziehen?	
Für wie sinnvoll halten Sie es, mit Peter ein assertives Training durchzuführen?	

Ihre Deutung aus lerntheoretischer Sicht
Ihre Maßnahmen (inkl. Begründung)

Und so deuten wir die Situation

Peter fühlt sich durch das Verhalten seiner Mitschüler offenbar in die Enge getrieben: Er möchte „dazugehören“, dies gelingt ihm aber nicht ohne weiteres. Die Mitschüler grenzen ihn vielmehr aus, indem sie Peter mit seinem Spitznamen rufen und Spaß daran haben, ihn so zu provozieren.

In solchen Situationen versucht Peter dann, sein Selbstbewusstsein zu retten, indem er zuschlägt. Auf diese Weise kann er der Sieger bleiben, während alle anderen Versuche, sich mit der Gruppe zu arrangieren, bisher fehlgeschlagen sind. Sieger zu bleiben verstärkt also Peters Annahme, dass aggressives Verhalten erfolgreich ist. Dies wiederum erhöht die Wahrscheinlichkeit, dass Peter in ihn bedrängenden Situationen immer wieder aggressiv reagiert. Möglicherweise hat er zudem aggressive Vorbilder, deren Verhalten er nachahmt. Hier ist sowohl an Mitschüler als auch an Film- und TV-Helden oder an Erfahrungen mit PC-Spielen zu denken.

Vor diesem Hintergrund erklärt sich auch Peters rascher Stimmungsumschwung, wenn er auf die Problemsituation hin angesprochen wird. Die erste Reaktion ist Wut; sie resultiert aus seinem Selbstverständnis sich wehren zu müssen. Bei genauerem Überlegen aber versteht Peter sehr wohl, dass sein Verhalten sozial inakzeptabel ist und im Grunde abgelehnt wird. Sein Ziel kann er durch aggressives Auftreten letztlich nicht erreichen. Seine Mitschüler werden ihn mit diesem Verhalten nur schwer akzeptieren können. Diese Feststellung wiederum macht Peter dann so traurig, dass er sogar zu weinen beginnt. Allerdings gibt es für ihn bisher keinen Ausweg aus dem Dilemma: Der soziale Nutzen des aggressiven Verhaltens überwiegt für ihn gegenüber dem sozialen Nachteil; so wird Peter das gelernte Verhalten fortsetzen.

2.6.4. Theorieschub: Behavioristische Lerntheorien / Verhaltenstherapie / Rational-emotive Therapie (RET)

Die **Lerntheorie** geht auf die wissenschaftlichen Annahmen des **Behaviorismus** zurück. Behaviorismus und Psychoanalyse unterscheiden sich grundlegend: Der Behaviorismus versteht sich im Gegensatz zur Psychoanalyse als empirisch-analytische Wissenschaft; der Behaviorismus entwirft also aus Tatsachenerfahrungen und deren Analyse und Bewertung ein Modell der Wirklichkeit. Die Aussagen dieses Welt- und Wirklichkeitsmodells müssen intersubjektiv überprüfbar sein. Dies erreicht der klassische Behaviorismus, indem er sich (anders als die Psychoanalyse) ausschließlich auf äußerlich wahrnehmbare Aspekte psychischer Prozesse konzentriert.

Der Organismus, die menschliche Persönlichkeit mit all ihren Facetten, wird im Behaviorismus als **Black Box** verstanden. In diese Box kann der Psychologe nicht hineinschauen. Die Vorgänge in der Box bleiben ihm grundsätzlich verborgen, daher muss und darf er sich mit ihnen nicht beschäftigen. Interessant sind für den Behavioristen nur die Reize, die auf den Organismus ausgeübt werden (**Input**), und die darauf folgenden Reaktionen (**Output**). Aus dieser verengten Sicht ergeben sich problematische Perspektiven im Blick auf das zugrunde liegende **Menschenbild**: Der Behaviorist muss im strengen Sinne eine Determination des Menschen annehmen und darf Freiheit nicht mehr postulieren. Moderne Modelle des Behaviorismus sind weniger festgelegt; sie nehmen durchaus Variablen zwischen den Reizen und den resultierenden Reaktionen an. Dadurch wird in der Argumentation ein Spielraum für die Annahme von Freiheit geschaffen, eine wichtige Voraussetzung, ohne die beispielsweise pädagogische Interventionen ihren Sinn verlören.

Im klassischen Behaviorismus unterscheidet man zwischen drei Lernmodellen:

- **Klassisches Konditionieren (Pawlow)**
- **Operantes Konditionieren (Skinner)**
- **Modelllernen (Bandura)**

Beim **klassischen Konditionieren** (Pawlow 2006) werden unbedingte (ungelernte) Reize mit neutralen Reizen verknüpft. Eine mehrfache Wiederholung dieser Verknüpfung führt dazu, dass der ursprünglich neutrale Reiz zu einem bedingten (gelernten) Reiz wird. Dieser bedingte Reiz löst dann jenen bedingten Reflex aus, der ursprünglich dem unbedingten Reiz folgte. Dieser Reflex wird am Ende des Lernprozesses bedingte Reaktion genannt.

Operantes Konditionieren ermöglicht komplexere Lernprozesse als das klassische Konditionieren (vgl. O'Donohue / Ferguson 2001). Außerdem kann das Modell des operanten Konditionierens auch jene Reaktionen des Menschen erklären, die nicht an vorgegebene Reize gebunden sind, sondern sich spontan und zufällig ergeben. Durch operantes Konditionieren wird das Individuum ein bestimmtes Verhalten häufiger zeigen, indem es lernt, dass dem gewünschten Verhalten ein verstärkender Reiz folgt. Der **Verstärker** ist über seine Wirkung definiert, die Auftretenswahrscheinlichkeit des gewünschten Verhaltens zu erhöhen. Es gibt positive und negative Verstärker: Positive Verstärker wirken durch ihr Auftreten; negative Verstärker wirken dagegen durch den Umstand, dass sie phasenweise nicht auftreten. Verstärker müssen grundsätzlich von Strafen unterschieden werden: **Strafen** erhöhen nicht die Auftretenswahrscheinlichkeit des gewünschten Verhaltens, sondern sie unterdrücken ein nicht gewünschtes Verhalten.

Ein besonderes Problem der Verstärkung liegt in der Frage, wie gewünschte Reaktionen aufrechterhalten werden können. Man unterscheidet zwischen regelmäßiger und intermittierender Verstärkung. **Regelmäßige Verstärkung** ist geeignet und notwendig, wenn ein Verhalten aufgebaut wird. Die Anfangsphase birgt beim Lernenden die Gefahr eines zu raschen Abwendens vom Lernprozess, wenn das gewünschte Verhalten nicht fortlaufend verstärkt wird. In späteren Phasen des Lernens (Internalisierung) reicht **intermittierendes Ver-**

stärken. Allerdings: Man sollte darauf achten, dass der Zeitpunkt der Verstärkung vom Lernenden nicht kalkuliert werden kann. Berechenbare Verstärkung führt nämlich unmittelbar nach der Verstärkung zu einem Abnehmen der Häufigkeit, das gewünschte Verhalten zu zeigen. Unkalkulierbar bleibt der Zeitpunkt der Verstärkung für den Lernenden dann, wenn einmal die Zeitabstände zwischen den Verstärkungsphasen variabel gewählt werden. Außerdem sollte man die Anzahl der positiven Reaktionen variieren, nach denen eine Verstärkung erfolgt.

⇨ ***Bevor Sie weiterlesen:***

- Lehrer nutzen im Unterricht sehr häufig Lob als Verstärker.
- Wie müssten Sie loben, damit Ihr Lob eine möglicht große Wirkung hat?

Mit Hilfe des operanten Konditionierens lassen sich komplexe und neue Verhaltensweisen nur schwer und mit großem Zeitaufwand vermitteln. Durch unmittelbare Nachahmung (Imitation) werden allerdings solche Verhaltensmuster, ganze Verhaltensketten, vergleichsweise leicht übernommen. Beim **Imitationslernen** müssen bestimmte **Voraussetzungen** gegeben sein, damit der Lernprozess optimal funktioniert: So muss der Lernende für den Lernprozess motiviert sein und grundsätzlich die Fähigkeiten besitzen, das beobachtete Verhalten auszuführen. Hierzu gehören sowohl motorische Fähigkeiten als auch die Fähigkeit, das zu lernende Verhalten aufmerksam wahrzunehmen. Auch sind Eigenschaften des Modells wichtig für das Gelingen des Lernprozesses: Geschlecht, Alter, soziale Stellung spielen hier z. B. ebenso eine Rolle wie die Beziehung und die Ähnlichkeit, die das Modell mit dem Lernenden hat. Der Erfolg des Lernprozesses ist ferner abhängig davon, ob das Modell für das gezeigte Verhalten bestraft oder belohnt wird. Außerdem werden psychische Rahmenbedingungen des Lernenden dessen Bereitschaft und Fähigkeit zum Lernen beeinflussen.

Bandura (1976) konnte in einer Reihe von Versuchen zeigen, dass sehr komplizierte Verhaltensweisen eher wenig nachgeahmt werden. **Aggressive Verhaltensmuster** werden dagegen häufig übernommen. Dabei imitieren Jungen aggressive Modelle mehr als Mädchen. Diesen Unterschied kann man in gewissem Umfang durch eine unterschiedliche Sozialisation von Jungen und Mädchen erklären. Sowohl Jungen als auch Mädchen ahmen ein aggressives

Modell intensiver nach, wenn sie selbst dafür belohnt (positiv verstärkt) werden. Bleibt die Belohnung für den Lernenden aus, ist das Maß an Nachahmung aggressiven Verhaltens abhängig davon, ob die Modellperson für ihr Verhalten bestraft oder belohnt wird. Am Rande sei darauf hingewiesen, dass das Entstehen von Aggression nicht allein über das Prinzip des Modelllernens erklärbar sein dürfte (vgl. Nolting 2005b u. unten).

⇨ ***Bevor Sie weiterlesen:***

- Welche Wirkung hätte es aus Sicht des Modelllernens auf Schüler, wenn Sie als Lehrer aggressives Verhalten zeigten? Wie weit würden Sie in dem Fall als Modell akzeptiert? Welche Bedeutung hätte Ihr Verhalten für den Aufbau einer positiven Lernbeziehung zu den Schülern?

- Eine weitere Erklärung zur Entstehung aggressiven Verhaltens liefert die **Frustrations-Aggressions-Hypothese**. Danach ist Aggression immer als Folge einer Frustration zu verstehen. Jede Frustration löst auch eine Aggression aus. Was halten Sie von dieser Erklärung aggressiven Verhaltens?

- Erinnern Sie sich an aggressive Verhaltensweisen Ihrer Schüler. Inwieweit könnten Sie diese mit Hilfe der Frustrations-Aggressions-Hypothese erklären?

Die Lernmodelle des Behaviorismus sind allgemein gut erforscht, die Ergebnisse empirisch gesichert. Die auf den Lerntheorien basierende (kognitive) **Verhaltenstherapie** (Verhaltensmodifikation) hat daher gute Erfolge. Verhaltenstherapeuten nehmen (anders als Psychoanalytiker) die erkennbaren Symptome eines Problemverhaltens als Ergebnis fehlgesteuerter Lernprozesse, die zu unangepasstem Verhalten führen und daher dem betroffenen Menschen akute Probleme bereiten. Die Ursachen solcher Fehlsteuerungen werden in der Gegenwart des Betroffenen lokalisiert; Heilungen sind möglich durch eine konsequente Behandlung der Symptomatik.

*Hinweis: Das relativ neue Lern- und Therapiekonzept des **NLP** (Neurolinguistisches Programmieren) bezieht sich in wichtigen Grundannahmen auch auf Techniken der Verhaltenstherapie, ohne darin allein aufzugehen. Die vom NLP initiierten Änderungen der subjektiven Landkarten der Ratsuchenden sind jedoch letztlich stets Versuche, gelernte, aber wenig nützliche Verhaltensmuster aufzuspüren, mit allen Sinnen verfügbar zu machen und danach zu ändern (= neu zu programmieren) (vgl. Bandler / Grinder 2005; Mohl 2006; Kliebisch 1996).*

Im Rahmen einer Verhaltensanalyse muss für eine erfolgreiche **Behandlung** das Problemverhalten möglichst präzise operationalisiert werden. Der genauen Analyse folgt die Zielplanung und eine darauf abgestimmte Wahl der geeigneten Methode. In der Regel wird der Verhaltenstherapeut zwei Verfahren nutzen:

- **systematische Desensibilisierung**
- **assertives Training**

Die **systematische Desensibilisierung** macht sich vor allem die Konditionierungstechniken zunutze. Der Klient wird mit den gelernten (konditionierten) Reizen konfrontiert, zugleich aber daran gehindert, die gelernte Reaktion (z. B. Angst) zu zeigen. Dazu verwendet man das Prinzip der reziproken Hemmung. Der Klient wird nachhaltig entspannt (z. B. durch Autogenes Training), bevor man ihm die konditionierten Reize anbietet. So ist der Organismus nicht in der Lage, die gelernte Reaktion auszuführen, zumindest wird sie abgemildert. Dadurch bekommt der Klient das Gefühl, der konditionierten Reaktion gegenüber nicht mehr hilflos zu sein. Er traut sich eher zu, die konditionierte Reaktion zu beherrschen (z. B. gelassener statt mit Angst zu reagieren). Der Vorgang der Desensibilisierung wird (wie beim Konditionieren) üblicherweise einige Male wiederholt, bevor die konditionierte Reaktion gelöscht ist und der Klient sich gegenüber den ursprünglich konditionierten Reizen neutral verhalten kann. (vgl. Trautmann 2004).

Die (kognitive) Verhaltenstherapie setzt beim Ablauf der Behandlung wenig auf die persönlichen Beziehungen zwischen Klient und Therapeut; hierin unterscheidet sie sich klar sowohl von der Psychoanalyse als auch von der Gesprächspsychotherapie. Dies gilt aber im Wesentlichen für die klassische Lehre der Verhaltensmodifikation. Heutzutage verwenden viele Verhaltenstherapeuten während der Behandlung ihrer Klienten zugleich Mittel der Gesprächspsychotherapie oder des NLP (s. Kap. 4.3.3.) und stützen sich gleichzeitig oft auch auf die kognitiven Elemente der **Rational-emotiven Therapie** (RET), die vor allem von A. Ellis entwickelt wurde (2006; s. a. Lazarus / Lay 2001). RET sieht (anders als Alltagstheorien und ähnlich wie das NLP) die Probleme eines Patienten (Lernenden) als Folge von dessen Fehlinterpretationen (Gedanken) äußerer Ereignisse (s. Abbildung auf der folgenden Seite).

Die unpassenden (z. T. irrationalen) Gedanken, Bewertungen und Überzeugungen evozieren die analogen Gefühle, nicht also die Ereignisse selbst. Diese negativen (unangemessenen) Gefühle wiederum sind das, was der Lernende (Klient) als unangenehm empfindet. Sie zu beherrschen und zu beseitigen ist das Ziel der (Selbst)Therapie. Die Therapie geschieht über eine rationale (kognitive) **Selbst-Analyse** und schließlich über die Veränderung der Deutungen des Ereignisses. Bei diesem Vorgang werden oft Techniken des Konditionierens sowie des Modelllernens eingesetzt. Durch die dann neue Sicht der Dinge, also durch die andere Perspektive werden für den betroffenen Menschen die ursprünglich problematischen Gefühle überflüssig; Andere Gefühle stellen sich ein; das Problem ist für den Menschen behoben (Walen / DiGiuseppe / Wessler 2005).

Beim **assertiven Training** geht es um den **Aufbau sozial-kommunikativer Kompetenzen** in schwierigen privaten und beruflichen Situationen. Das assertive Training wird als Gruppentraining durchgeführt. Ziel des Trainings ist es zu lernen, auch in durch einen Konflikt belasteten Situationen sozial angemessen zu handeln. Zu einem solchen angemessenen Verhalten in Konfliktsituationen gehört einmal die Fähigkeit, seine Bedürfnisse und Interessen und damit sich selbst als Person angemessen darzustellen. Weiterhin ist das Ziel erreicht, wenn man sich emphatisch in andere Menschen hineinversetzen und diese und deren Anliegen verstehen kann. Schließlich gehört dazu, die eigenen Vorstellungen angemessen, aber doch konsequent zu vertreten, stets aber ohne andere Menschen zu beleidigen oder auf andere Weise zu verletzen. Das assertive Training ist als **pädagogisch-therapeutisches Rollenspiel** angelegt. Der Klient kann persönliche Lebenssituationen nachspielen und dabei auf Verhaltensmuster rekurrieren, die ihm der Therapeut oder aber andere Gruppenmitglieder vorgespielt haben. Das Imitationslernen wird also systematisch genutzt, um das neue (sozial angepasste) Verhalten einzuüben. Parallel dazu werden Verstärker verwendet, um die Auftretenswahrscheinlichkeit des gewünschten Verhaltens nachhaltig zu erhöhen und so das neue Verhalten zu internalisieren.

Wie Gefühle entstehen

A. Alltagstheorie der Gefühle

B: Gefühlstheorie nach RET

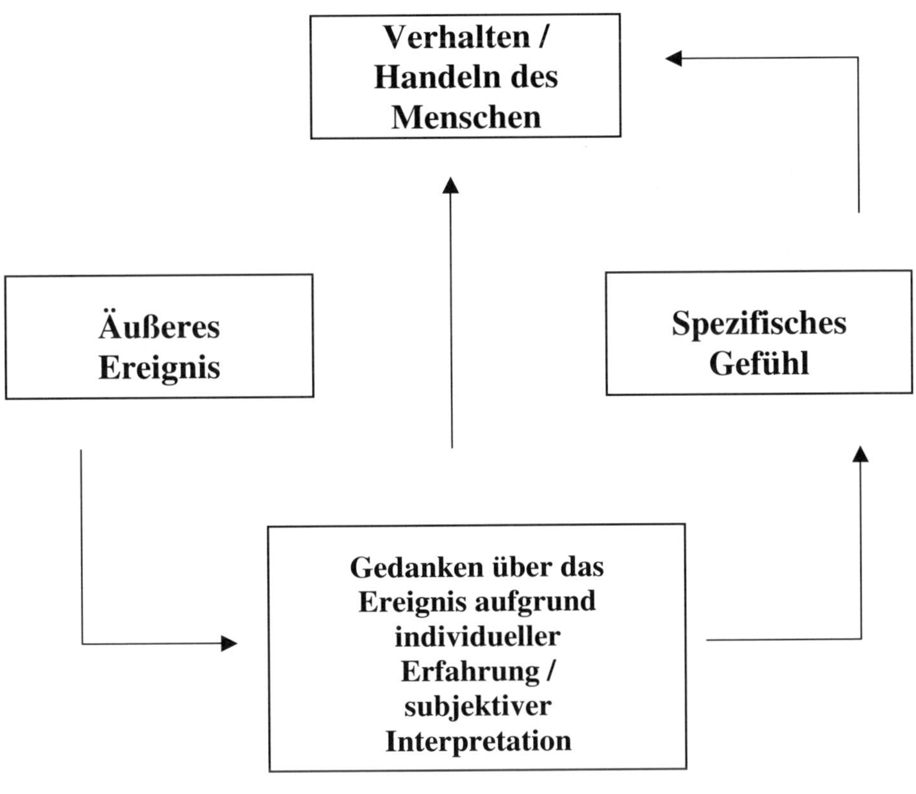

2.6.5. Gesprächspsychotherapeutische Deutung: „Claudia hat Angst."

⇨ *Hinweis:*

Lesen Sie bei Bedarf zunächst den Theorieschub in Kapitel 2.6.6., wenn Sie zur Zeit noch keine Grundkenntnisse über Gesprächspsychotherapie haben.

⇨ ***Fallbeispiel: Claudia hat Angst.***

- Lesen Sie den nachfolgenden Text über Claudia, eine Problemschülerin.
- Bearbeiten Sie anschließend die nach der Situationsbeschreibung gestellten Fragen.
- Deuten Sie die Situation aus der Sicht der Gesprächspsychotherapie.
- Nennen Sie Maßnahmen, die Ihnen angesichts Ihrer Deutung des Falles angemessen erscheinen.
- Begründen Sie Ihre Maßnahmen.

Weiter unten lesen Sie dann unsere Deutung der Situation.

Die Situation

Es gibt Schüler, die im Unterricht immer interessiert sind, die sich aktiv beteiligen und deren Leistungen nur positiv zu bewerten sind. Claudia ist eine solche Schülerin. Ihre Mitarbeit ist herausragend; ihre Lehrer halten sie für sehr intelligent.

Doch da gibt es ein Problem: Claudia scheint wie ausgewechselt, wenn sie vor der Klasse steht und zum Beispiel ein Referat vortragen muss. Claudia kennt den Stoff zwar gut, den sie präsentieren möchte. Dennoch läuft sie rot an, stottert. Und: Ihre Mitschüler fangen an zu lachen. Der Lehrer hat Mühe, die Klasse in solchen Situationen unter Kontrolle zu halten. Claudias Mitschüler reagieren emotional und fangen sofort an, miteinander zu sprechen. Es wird laut.

Eltern und Lehrer sind sich unschlüssig und zugleich besorgt: Was geht hier vor? Weshalb reagiert Claudia bei Präsentationen so ungewöhnlich? Sollte sie vielleicht für die Referate doch nicht hinreichend vorbereitet sein? Natürlich war das die erste Vermutung. Aber schon nach kurzer Prüfung stellte sich heraus: Das ist nicht das Problem. Im Gegenteil: Claudia lernt und übt vor den Referaten mehr, als es bei ihrem Leistungsvermögen nötig wäre.

Claudias Klassenlehrer hat dann vorgeschlagen, Claudia zum Beratungslehrer zu schicken. Claudia war mit dieser Maßnahme einverstanden. Die Gespräche mit dem Beratungslehrer brachten folgendes Ergebnis: Claudia kommt oft an solchen Tagen mit Kopfschmerzen und Magenbeschwerden in die Schule, an denen sie ein Referat halten soll. Sie fühlt sich während der Vorträge sehr unwohl und spürt, wie ihr Körper ihr nicht mehr gehorcht: Ihr Herz beginnt wie wild zu schlagen; sie kann sich nicht mehr richtig konzentrieren; sie fängt an zu schwitzen. Das Resultat: Das Referat wird ein Desaster!

Fragen zur Situation

Wie beurteilen Sie Claudias Bemühen, vor den Arbeiten besonders viel zu lernen?	
Welchen Nutzen hat dieses Verhalten für Claudia? In welchem Maße schadet es ihr?	
Wie genau kommt Claudias Unwohlsein schon vor dem Referat zustande?	
Welche Rolle spielen die Schule und das Elternhaus beim Zustandekommen von Claudias Problemen? Begründen Sie Ihre Auffassung.	
Für welche Ihrer Schüler trifft das Problem zu, das Claudia hat?	

Woran genau haben Sie das erkannt?	
Wie reagieren Sie auf diese Schüler und ihr Problem?	
Warum verhalten Sie sich diesen Schülern gegenüber gerade so, wie Sie es tun?	

Ihre Deutung aus gesprächspsychotherapeutischer Sicht

Ihre Maßnahmen (inkl. Deutung)

Und so deuten wir die Situation

Claudia hat Angst vor Referaten. Sie erlebt sich in der Vortragssituation besonders herausgehoben; alle starren sie an, so glaubt sie. Sie hat das Gefühl, dass so die Ansprüche an sie über das übliche Maß hinaus steigen. Dadurch fühlt sie sich überfordert und versagt. Angst kann man hinsichtlich der physiologischen Begleiterscheinungen den Stressreaktionen zuordnen. Herzjagen, Pulsbeschleunigung, höhere Atemfrequenz und vermehrte Adrenalinausschüttung sind ebenso typische Angstsymptome wie die affektiven Komponenten Nervosität, Aggressivität und Schwindel sowie kognitive Aspekte wie Unkonzentriertheit, Vergesslichkeit oder Leistungsschwäche (vgl. auch Kap. 4.).

Auch der bei einem Menschen auftretende Angstmechanismus entspricht dem bei Stress (s. Abbildung auf der nächsten Seite und die Erläuterungen zur Rational-emotiven Therapie – RET – im vorangegangen Kapitel): Das die Angst auslösende Ereignis, beispielsweise eine Klassenarbeit; wird auf verschiedenen Ebenen interpretiert. Der betreffende Mensch macht sich Gedanken zu dem Ereignis. Solche Gedanken können zum Beispiel sein: *„Die Arbeit werde ich bestimmt wieder schlecht schreiben. Das wird eine Katastrophe. Das kann nur schief gehen!“* Gedanken dieser Art sind stets mit den bereits erwähnten ungünstigen Körperreaktionen verknüpft und werden auf der emotionalen Ebene als Angst erlebt. Die Gedanken, die körperlichen Reaktionen und die Gefühlserfahrungen sind miteinander vernetzt und beeinflussen sich gegenseitig. So kommt es, dass in einer konkreten Situation die Angst oft immer stärker wird, obgleich der äußere Reiz sich nicht verändert. Ein Teufelskreis der Angst beginnt.

Vom Ereignis zur Handlung

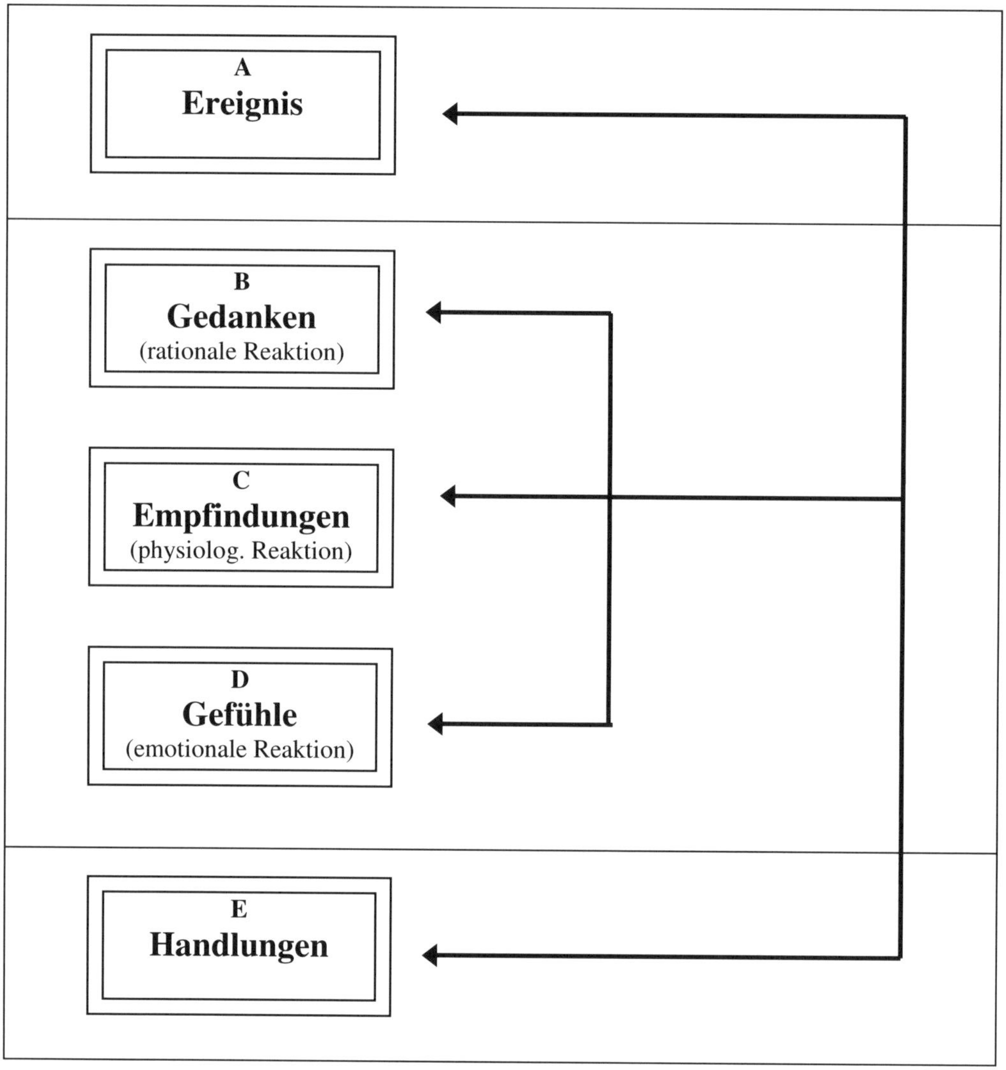

Angst-Mechanismus

Der betroffene Mensch erlebt sich als Opfer von Umständen, die er nicht mehr zu beeinflussen vermag. Er fühlt seine Hilflosigkeit, seine Ratlosigkeit. Offenbar können ihm auch andere Menschen nicht aus der Situation helfen. Das Ergebnis ist Frustration und Resignation, die mittel- und langfristig zum Versagen und schließlich zur Angst vor dem Versagen führen, zur Angst vor der Angst. Aus solcher Angst heraus resultiert oft Passivität und Ausweichverhalten: Der betreffende Mensch flüchtet vor der Angst auslösenden Situation, statt sich dieser und damit der eigenen Angst zu stellen und die Angst damit letztlich zu überwinden. Kann er nicht flüchten, versagt er in der Situation, die bei ihm Angst auslöst.

Profi-Aufgaben

- ❑ **Deuten Sie die Situation Peters aus dem Kapitel 2.6.3. aus gesprächspsychotherapeutischer Sicht.**

Ihre Deutung

- ❑ **Deuten Sie die Situation Claudias aus diesem Kapitel aus lerntheoretischer Sicht.**

Ihre Deutung

2.6.6. Theorieschub: Gesprächspsychotherapie

Die Sicht der humanistischen Psychologie auf Unterrichtsstörungen bezieht sich auf **Carl R. Rogers' Bild vom Menschen und dessen gesprächspsychotherapeutischen Ansatz**. Rogers hat sein therapeutisches Konzept auch auf Lernprozesse allgemeinerer Art übertragen (1984; 1989; 2004; 2005a). Er geht von einem grundsätzlich guten Menschen aus, dessen seelisches Gleichgewicht durch unvorteilhafte Lernprozesse gestört wird.

Menschen haben ein „natürliches Potenzial zum Lernen" (1984, 156), das sie einsetzen, um ein aus der Balance geratenes inneres Gleichgewicht wiederherzustellen. In dem Sinne sind Menschen stets an ihrer **Selbstentfaltung und Selbstverwirklichung** interessiert. Die Tendenzen zur Optimierung des **Selbstkonzepts** werden unterstützt durch **signifikantes Lernen**. Hierbei handelt es sich um ein Lernen, bei dem „der Lerninhalte vom Lernenden als für seine eigenen Zwecke relevant wahrgenommen wird" (1984, 157). Signifikantes Lernen ist vom Lernenden **selbstinitiiert** und von ihm mitverantwortet.

Rogers sieht das „gute Leben" als einen Prozess, nicht als einen unveränderbaren Zustand. Menschen sind in ihrem Verhalten also zielorientiert und keineswegs hilflos gegenüber ihren eigenen Bedürfnissen und den Ansprüchen der sozialen Umwelt. „Die Richtung, die für das gute Leben konstitutiv ist, wird vom gesamten Organismus gewählt, sofern die psychische Freiheit vorhanden ist, sich in *jede* Richtung zu entwickeln." (2005b, 186).

⇨ ***Bevor Sie weiterlesen:***

- „Der Mensch besitzt alle Ressourcen, die er braucht, um sich in jede Richtung entwickeln zu können." Wie beurteilen Sie diese Sicht vom Menschen.
- Wie nützlich ist / wäre ein solches Menschbild für Sie als Lehrer?

Rogers' Beobachtungen resultieren aus seinen therapeutischen Erfahrungen, sind also im strengen Sinn empirisch nicht belegt. Er stellt fest, dass die **von den Klienten (= Lernenden) eingeschlagenen Wege der Selbstorganisation und Selbstfindung** einige typische Merkmale aufweisen (205b, 164ff.). Er unterscheidet dabei zwischen Bewegungen „weg von" und Bewegungen „hin zu":

- **Die Weg-von-Bewegungen:**
  - Weg von den Fassaden: Lernende bewegen sich weg von dem, was sie nicht sind und nicht sein wollen.
  - Weg vom „Eigentlich-Sollte-ich": Lernende rücken ab von den Erwartungen der Eltern oder anderer für sie im Rahmen der Entwicklung und Sozialisation wichtiger Bezugspersonen.
  - Weg vom Erfüllen kultureller Erwartungen: Lernende machen sich frei von sozialen Ansprüchen und Normen.
  - Weg davon, anderen zu gefallen: Lernende erkennen, dass ein Teil ihrer Persönlichkeit nur dazu dient, anderen Menschen zu gefallen oder ihnen einen Gefallen zu tun. Die Klienten nehmen Abstand von dem Bedürfnis, es anderen recht zu machen.

- **Die Hin-zu-Bewegungen:**
  - Entwicklung zur **Selbstbestimmung**: Lernende werden sich im Verlauf einer Therapie immer mehr ihrer selbst bewusst, so dass sie selbst den Gang der Entwicklung und die Ziele definieren.
  - Entwicklung zum **Prozess-Sein**: Lernende bemerken, dass sie veränderbar sind, und erleben diese Möglichkeit zur prozessualen Veränderung als Chance zur Entwicklung.
  - Entwicklung zur **Komplexität**: Lernende lernen während der Beratung sich selbst ganz wahrzunehmen, sich nicht in Teilen abzuschließen. Dadurch ermöglichen sie im wörtlichsten Sinne eine ganzheitliche Entwicklung zu sich selbst.
  - Entwicklung zur **Erfahrungsoffenheit**: Lernende schaffen es immer besser, offen zu werden und zu bleiben gegenüber ihren neuen Erfahrungen und Einsichten und den Mitteilungen anderer Menschen.
  - Entwicklung zum **Akzeptieren der anderen**: Lernenden gelingt es mehr und mehr, auch die Erfahrungen und das Sosein anderer Menschen als Faktum zu nehmen und wertfrei zu akzeptieren.
  - Entwicklung zum **Selbstvertrauen**: Lernende gewinnen zunehmend Zugang zu sich selbst und vertrauen dem Prozess, als den sie sich selbst erleben. Dieses Selbstvertrauen gibt ihnen die nötige Sicherheit, um die Entwicklung voranzutreiben.

Der Gesprächspsychotherapeut (Lehrer) unterstützt diese Entwicklungen im Menschen vor allem durch drei zentrale Eigenschaften und Fähigkeiten (**Therapeutenvariablen**):

- **Einfühlendes Verständnis** (Empathie): Der Therapeut nimmt den Klienten in seinen Gefühlen und emotionalen Urteilen ernst. Der Therapeut zeigt dem Klienten vor allem durch aktives Zuhören, dass er ihn versteht.
- **Echtheit und Kongruenz**: Der Therapeut ist seinen eigenen Erfahrungen und Gefühlen gegenüber offen und nimmt diese bewusst wahr. Er

muss sie nicht ausdrücken, muss aber in besonderem Maße authentisch sein, wenn er auf den Klienten emphatisch reagiert, ihm Ratschläge gibt oder dessen Verhalten deutet.

- **Emotionale Wärme**: Die gefühlsmäßige Wertschätzung des Klienten muss der Therapeut vorurteilsfrei und unabhängig von Voraussetzungen gewähren; er darf das Erleben und Verhalten des Klienten nicht bewerten.

⇨ ***Bevor Sie weiterlesen:***

- Stellen Sie sich vor, ein Lehrer schreit einen Schüler an. Inwieweit ist dieses Lehrerverhalten ein Beispiel für Echtheit?
- Wie könnten Sie im Unterricht Empathie zeigen?

Entsprechende Kompetenzen soll auch ein **Lehrer** aufweisen. Rogers nennt ihn **Facilitator**. Der Facilitator ist als Begleiter und Helfender eine Person, die es den Lernenden leicht(er) macht, ihren je persönlichen Weg zu suchen und zu finden. Er hilft ihnen also maßgeblich, ihren eigenen Lernweg selbstverantwortlich zu gehen (1984, 163ff.). Dabei achtet er auf die:

- Qualität der Stimmung in der Lerngruppe
- Ziele der einzelnen Gruppenmitglieder und der Gruppe insgesamt
- Umsetzung signifikanter Lernprozesse
- Vielfalt der Medien und Methoden

Weiterhin

- sieht er sich selbst als nutzbares Hilfsmittel.
- akzeptiert er Äußerungen verschiedenster Art und Qualität.
- wird er bei zunehmender Fähigkeit der Lerngruppe selbst zum mitlernenden Teil der Gruppe.
- zeigt er seine Gefühle.
- formuliert er authentisch seine Gedanken und Gefühle.

⇨ ***Bevor Sie weiterlesen:***

- Was halten Sie von der Vorstellung des Lehrers als Facilitator?

- Was genau müssten Sie an Ihrer Lehrerrolle ändern, um für die Schüler noch mehr ein Facilitator sein zu können als bisher. Wie könnten Sie diese Änderungen vornehmen?

Rogers (1989, 101) fasst zusammen und zitiert Lao-tse, um zu beschreiben, wie sich ein Lehrer verhalten muss, der ein guter „Menschenführer", also ein Facilitator, ist:

„Ein Führer ist am besten,
Wenn die Leute kaum merken, daß es ihn gibt,
Nicht so gut, wenn sie ihm gehorchen und Beifall spenden,
Am schlechtesten, wenn sie ihn verachten.
Aber bei einem guten Führer, der wenig redet,
Wenn seine Arbeit getan, sein Ziel erreicht ist,
Werden alle sagen, „Das haben wir selbst gemacht".

⇨ ***Bevor Sie weiterlesen:***

- „Gutes Unterrichten besteht darin, sich als Lehrer überflüssig zu machen." Was halten Sie von diesem Gedanken?

⇨ ***Wahrnehmung und Gefühle***
Rogers stellt im Blick auf die Lernprozesse (allgemein und in der Therapie) die **Wahrnehmungen und Gefühle** des Menschen in den Mittelpunkt. Es geht ihm darum, wie ein Mensch Ereignisse erlebt. Menschen können bei diesen Vorgängen selbst entscheiden, wie sie sich erleben wollen.

Ein Beispiel: Ein Mathematiklehrer ruft einen Schüler zur Tafel und stellt ihm eine Aufgabe. Der Schüler versagt beim Lösen der Aufgabe, was der Lehrer ironisch kommentiert: „Wieder mal nicht gelernt, was?“

Mindestens vier Deutungen und Reaktionen des Schülers wären möglich:

1. Der Schüler erlebt sich als *Versager*, der sozial unangepasst ist. In dem Fall wird der Schüler die Situation wahrscheinlich generalisieren und sich als wertlosen Menschen erleben. Rückzug bis hin zur Depression und Passivität im Unterricht einerseits, Aggression, Störmanöver und Konfrontationsverhalten andererseits sind mögliche Folgen auf der Handlungsebene.
2. Oder der Schüler gibt dem Lehrer die Verantwortung für die Situation. „Die Aufgabe war zu schwer.“ Der Schüler wird sich also *ungerecht behandelt* fühlen. Eine mögliche Generalisierung kann dazu führen, die Schule = die Lehrer und vielleicht sogar die Welt insgesamt für ungerecht zu halten. Vermeidungsverhalten und Angst vor der Schule wären mögliche Folgen.
3. Denkbar wäre auch dies: Der Schüler hat mit dem Fach Mathematik innerlich ohnehin abgeschlossen und erlebt die Situation in der Unterrichtsstunde als Beleg dafür, Mathematik einfach nicht zu können. Dies interessiert ihn aber vielleicht gar nicht, da er mit einer 5 in Mathematik dennoch versetzt wird. Er erlebt sich also vielleicht als durchaus *souverän*, weil er entschieden hat, Mathematik nicht so wichtig zu nehmen, wie ihm der Lehrer dies suggerieren möchte. In dem Fall würde der Schüler darin bestärkt, auch weiterhin nichts für Mathematik zu tun.
4. Schließlich könnte der Schüler die Situation auch so deuten: Ich habe die Hausaufgaben nicht gemacht, daher war ich nicht in der Lage, die Aufgaben an der Tafel zu lösen. „Ich war *dumm*, die Hausaufgaben nicht zu erledigen.“ Eine solche Erfahrung könnte den Schüler veranlassen, in Zukunft stärker darauf zu achten, Hausaufgaben anzufertigen, und zwar nicht nur für das Fach Mathematik.

Zumindest in den Fällen eins und zwei wäre es wünschenswert, dem Schüler zu helfen, sich anders zu erleben: Aus der Sicht der humanistischen Psychologie müsste der Lehrer dem Schüler die Möglichkeit geben, sein **Selbstkonzept zu verändern**. Durch ein geeignetes Gespräch würde der Schüler (weitgehend) selbst zu der Einsicht gelangen, was Ursache für seine emotionale Schieflage und sein ungünstiges Erleben der Situation ist. Dann würde der Schüler nach Handlungsoptionen suchen und prüfen, welche dieser Optionen ihm helfen können, sich im Mathematikunterricht besser als bisher zu verwirklichen. Nach einem (vom Lehrer = Berater strukturierten) Prüf- und Ausschlussverfahren gäbe es dann am vorläufigen Ende dieses Prozesses eine Lösung zur Verbesserung des Selbstkonzepts. Diese Lösung würde der Schüler anschließend in die Praxis umsetzen. Später würde im Blick auf das Ergebnis eine Evaluation erfolgen.

⇨ ***Bevor Sie weiterlesen:***

- Wie könnten Sie dem Schüler im obigen Beispiel helfen, sich in der jeweiligen Situation 1 bis 4 (s. o.) anders zu erleben?

- Vergleichen Sie diese Hilfe damit, einem Schüler im Falle einer nicht gemachten Hausaufgabe ein Ungenügend zu attestieren.

2.7. Arbeitsanregungen

Unterrichtsstörungen

Worin liegen nach Ihrer Meinung für den Lehrer besondere Probleme beim Erkennen von Unterrichtsstörungen?	

„Schüler leben in einer anderen Welt und verfolgen andere Ziele als Lehrer.“ Nehmen Sie im Blick auf Unterrichtsstörungen zu dieser These G. Lohmanns Stellung.	
Nehmen Sie an, in Ihrer Klasse entsteht Unruhe durch verschiedene Nebentätigkeiten von Schülern. Wie und wann reagieren Sie darauf?	
Mario (15) zeigt sich im Unterricht gelangweilt, meldet sich selten, liefert dann aber überdurchschnittlich gute Beiträge. Es stellt sich durch einen Test heraus, Mario ist hochbegabt. Inwiefern liegt hier eine Unterrichtsstörung vor? Wie reagieren Sie auf die Situation?	
Inwiefern können sich weniger begabte Schüler durch Unterricht gestört fühlen? Welche Maßnahmen ergreifen Sie in diesen Fällen?	
„Unterrichtsstörungen sind stets Disziplinprobleme, mit denen sich der Lehrer beschäftigen muss.“ Nehmen Sie Stellung.	
Welche Arten von Unterrichtsstörungen erscheinen Ihnen besonders schwierig zu handhaben? Warum?	

Stellen Sie sich eine esstarke Persönlichkeit im Sinne Freuds vor. Welche Arten von Unterrichtsstörungen würden Ihrer Meinung nach zu einem solchen Menschen passen?	
Stellen Sie sich eine überichstarke Persönlichkeit im Sinne Freuds vor. Welche Arten von Unterrichtsstörungen würden Ihrer Meinung nach zu einem solchen Menschen passen?	
Wie reagieren Sie auf Störungen, die durch überichstarke Schüler verursacht werden? Begründen Sie Ihre Reaktion.	
Wie können Sie das operante Konditionieren einsetzen, um Unterrichtsstörungen zu beheben?	
Wie können Sie selbst im Sinne des Modelllernens dazu beitragen, dass Unterrichtsstörungen gar nicht erst entstehen?	

Wie müssten Sie sich aus gesprächspsychotherapeutischer Sicht als Lehrer verhalten? Inwieweit könnten Sie durch dieses Verhalten Unterrichtsstörungen vorbeugen?	
Die Rational-emotive Therapie (RET) nimmt an, Menschen können von irrationalen Ideen beherrscht sein. Einer der häufigsten irrationalen Gedanken: „Alle müssen mich lieben." Nutzen Sie diesen Gedanken zur Deutung des Falls „Nadine" in Kapitel 2.4.	
Welche Unterrichtsstörungen können durch die räumlichen und sächlichen Gegebenheiten einer Schule entstehen?	
„Vorschnelle Hypothesen des Lehrers über Ursachen von Störungen führen zu weiteren Störungen." Nehmen Sie zu dieser These Stellung. Erläutern Sie die These an Hand eines geeigneten Beispiels.	
„Niemand muss sich stören lassen." Was halten Sie von dieser Aussage im Blick auf sich selbst als Lehrer?	

Eines der Postulate der TZI heißt: „Störungen haben Vorrang.“ Interpretieren Sie dieses Postulat am Beispiel einer konkreten Unterrichtsstörung. Gehen Sie dabei auch auf mögliche Maßnahmen des Lehrers ein.	
Eine Hilfsregel der TZI lautet: „Verwende Ich-Botschaften.“ Überlegen Sie, ob, wann und inwieweit diese Regel Ihnen als Lehrer helfen kann, Unterrichtsstörungen vorzubeugen oder diese zu beheben.	
„Schülerferne Inhalte schaffen regelmäßig Unterrichtsstörungen.“ Wie berechtigt ist diese These?	
Rogers meint, ein guter Lehrer dürfe in dem, was er für den Unterricht tut, kaum auffallen. Was halten Sie von dieser Annahme? Wie würden Schüler diese These beurteilen? Inwieweit lässt Sie sich diese These in Ihrem Unterricht verwirklichen?	
„Unterrichtsstörungen kommen nur dadurch zustande, dass manche Schüler ihre Gefühle nicht kontrollieren können.“ Überlegen Sie unter Nutzung des Modells der RET, inwieweit diese These stimmt.	

„Zu gutem Unterricht gehört auch ein gewisses Tempo im Ablauf des Lernprozesses. Langsamer Unterricht führt zwangsläufig zu Störungen." Inwieweit stimmen diese Annahmen?	
Erinnern Sie sich an mögliche Deutungen von Unterrichtsstörungen: a) psychoanalytisch b) lerntheoretisch c) gesprächspsychotherapeutisch d) didaktisch Welche der vier Ursachenerklärungen erscheint Ihnen besonders geeignet, Unterrichtsstörungen angemessen zu analysieren? Begründen Sie Ihre Meinung. Welche der Deutungen hilft Ihnen besonders, bei Unterrichtsstörungen angemessene Maßnahmen zu ergreifen? Begründen Sie Ihre Einschätzung.	
„Jeder Lehrer sollte sich über Unterrichtsstörungen freuen. Sie zeigen ihm einen Teil der Realität, die sonst durch geschicktes Verhalten überdeckt wird. Erst offene Störungen bieten die Möglichkeit, sich mit der verdeckten Realität zu beschäftigen." Nehmen Sie (selbst-kritisch) Stellung zu dieser These.	
„Störe einfach den Unterricht, wenn dir langweilig ist." Was halten Sie von dieser Symptomverschreibung eines Lehrers für einen hochbegabten Schüler?	
„Schüler stören doch nur, weil sie Zuhause kein vernünftiges Verhalten gelernt haben." Was meinen Sie dazu?	

3.

Konflikte in der Schule

„Die Beziehung zwischen Lehrer und Schüler
ist gut, wenn sie aufgebaut ist auf:
Offenheit und Transparenz [...],
Anteilnahme[...],
gegenseitige Abhängigkeit [...],
der nötigen Distanz [...],
gegenseitige Befriedigung der Bedürfnisse. "

(Thomas Gordon)

3.1. Persönliche Bestandsaufnahme

Mit dem folgenden Testbogen können Sie testen, was Sie bisher Grundsätzliches über Konflikte wissen und wie gut Sie mit Konflikten im (Schul-)Alltag umgehen können. Am Ende des Abschnitts können Sie dann mit einem Auswertungsbogen ermitteln, wie gut Ihre *Kenntnisse und Ihre Handlungskompetenz* entwickelt sind.

Tipp:

Notieren Sie bitte in der rechten Spalte des Antwortrasters Gedanken, die Ihnen im Blick auf das jeweilige Item wichtig erscheinen. Z. B. zu diesen Aspekten:

- Was müsste ich noch wissen?
- Was sollte ich in Zukunft in Bezug auf den Aspekt tun?
- Welche besonderen Erfahrungen habe ich dazu gemacht?

Und hier nun die Testaussagen:

1. Ich streite gern und profitiere stets davon.

Ja	Nein	Teilweise	Das fällt mir dazu ein ....

2. Konflikte finden immer auf der emotionalen Ebene der Beteiligten statt.

Ja	Nein	Teilweise	Das fällt mir dazu ein ....

3. Ich spreche mit den Menschen, mit denen ich Konflikte habe.

Ja	Nein	Teilweise	Das fällt mir dazu ein ....

4. Ich beachte in Konflikten stets die eigenen Bedürfnisse und die anderer. Das fällt mir meist sehr leicht.

Ja	Nein	Teilweise	Das fällt mir dazu ein ....

5. In Konfliktsituationen ist es wichtig, sich in andere Menschen hineinzuversetzen.

Ja	Nein	Teilweise	Das fällt mir dazu ein ....

6. In Konfliktsituationen muss ich auch an meine Bedürfnisse und Interessen denken.

Ja	Nein	Teilweise	Das fällt mir dazu ein ....

7. Konflikte belasten mich zwar, aber ich kenne Techniken, die mir helfen, diese Belastung auszuhalten.

Ja	Nein	Teilweise	Das fällt mir dazu ein ....

8. Ich kann gut zuhören.

Ja	Nein	Teilweise	Das fällt mir dazu ein ....

9. Ich bin geduldig.

Ja	Nein	Teilweise	Das fällt mir dazu ein ....

10. Ich bin konfliktfähig.

Ja	Nein	Teilweise	Das fällt mir dazu ein ....

11. Meine sozial-kommunikativen Fähigkeiten sind gut entwickelt, aber ich vertrete auch meinen Standpunkt.

Ja	Nein	Teilweise	Das fällt mir dazu ein ....

12. Ich versuche, aus Kritik an meinem Verhalten zu lernen.

Ja	Nein	Teilweise	Das fällt mir dazu ein ....

13. Ich verstehe Konflikte als eine Chance, Unklarheiten und Probleme zu beseitigen.

Ja	Nein	Teilweise	Das fällt mir dazu ein ....

14. Ich weiß, dass in der Schule sehr viele Konflikte entstehen, die aber nicht alle gelöst werden können. Diese Situation belastet mich nicht.

Ja	Nein	Teilweise	Das fällt mir dazu ein ....

15. Ich begreife Konflikte als Herausforderung, Neues zu lernen.

Ja	Nein	Teilweise	Das fällt mir dazu ein ....

16. Konflikte sollten gelöst, nicht ignoriert werden.

Ja	Nein	Teilweise	Das fällt mir dazu ein ....

17. Mir ist bewusst, dass ich durch die Lösung von Konflikten auf Dauer kompetenter werde, mein Gesprächsverhalten zu optimieren.

Ja	Nein	Teilweise	Das fällt mir dazu ein ....

18. Ich reagiere auf unberechtigte Kritik nur selten emotional; vielmehr setze ich mich mit einer solchen Kritik gezielt auseinander.

Ja	Nein	Teilweise	Das fällt mir dazu ein ....

19. Manchmal fühle ich mich unberechtigt angegriffen. Ich verstehe Angriffe anderer Menschen als ein Signal dafür, dass diese Menschen in einer Notlage sind.

Ja	Nein	Teilweise	Das fällt mir dazu ein ....

20. Konflikte mit Schülern muss man professionell bearbeiten. Man darf sich von ihnen also nicht persönlich betreffen lassen.

Ja	Nein	Teilweise	Das fällt mir dazu ein ....

21. Schwierige Konfliktlagen sollte man als Fachlehrer nicht selbst lösen. Dafür gibt es zum Beispiel die Einrichtung der Mediation.

Ja	Nein	Teilweise	Das fällt mir dazu ein ....

22. Konfliktlösungen sind nicht einfach nur Kompromisse, vor allem sind sie niemals „faule" Kompromisse.

Ja	Nein	Teilweise	Das fällt mir dazu ein ....

23. Ich setze in Konflikten mit Schülern meine Interessen nur begründet und in gegenseitigem Benehmen durch.

Ja	Nein	Teilweise	Das fällt mir dazu ein ....

24. Ich weiß, dass Schüler in Konfliktsituationen mit mir meist unterlegen sind. Gerade deshalb nehme ich deren Bedürfnisse in solchen Fällen sehr ernst.

Ja	Nein	Teilweise	Das fällt mir dazu ein ....

25. Ich reagiere gelassen und souverän, wenn ich in Konflikten mit Schülern nicht deren Akzeptanz erlange.

Ja	Nein	Teilweise	Das fällt mir dazu ein ....

26. Es ist wichtig, Konfliktlösungsgespräche in einer ruhigen Atmosphäre zu führen. Deshalb bemühe ich mich darum, mit dem Konfliktpartner für ein solches Gespräch einen Termin an einem geeigneten Ort zu vereinbaren.

Ja	Nein	Teilweise	Das fällt mir dazu ein ....

27. Ich weiß, dass ich als Erzieher Konflikte auch einseitig beenden muss.

Ja	Nein	Teilweise	Das fällt mir dazu ein ....

28. Konflikte sind in der Regel eine besondere Art von Unterrichtsstörungen.

Ja	Nein	Teilweise	Das fällt mir dazu ein ....

⇨ Auswertungsbogen

Tragen Sie hier die angekreuzten Antworten der 28 Fragen ein. Verbinden Sie dann die Ergebnisse der einzelnen Frage mit einer Linie: Je häufiger Sie eindeutig mit „Ja" geantwortet haben, desto mehr wissen Sie über Konflikte und desto konstruktiver gehen Sie bereits mit ihnen um.

Aufgaben:

- Schauen Sie sich die Items noch einmal genauer an, die Sie mit „Nein" oder „Teilweise" beantwortet haben. Werten Sie Ihre Antworten aus! Besprechen Sie die Ergebnisse in einer Gruppe von Kollegen.
- Formulieren Sie Handlungsanweisungen, die sich für Sie aus der Auswertung der Ergebnisse ergeben.

Nr.	Ja	Nein	Teilweise
1			
2			
3			
4			
5			
6			
7			
8			
9			
10			
11			
12			
13			
14			
15			
16			
17			
18			
19			
20			
21			
22			
23			
24			
25			
26			
27			
28			

3.2. Struktur von Konflikten

Das kennen Sie bestimmt auch: Sie wollen in Ihrer Lieblingsklasse eine Klassenarbeit zurückgeben und für den Rest der Stunde noch ein wichtiges Unterrichtsthema behandeln. Sie haben ein gutes Verhältnis zu der Lerngruppe, doch heute scheint nicht zu klappen, was Sie sich vorgenommen haben. Nach der Rückgabe der Arbeit beginnen einige Schüler zu protestieren: „Die Arbeit ist ja viel schlechter ausgefallen als die letzte. Sie haben viel strenger bewertet als früher. Außerdem waren einige Fragen zu kompliziert gestellt: Die konnten wir so doch gar nicht lösen." Die Lautstärke nimmt zu: Birgit redet mit Sandra, Oliver fängt an zu kichern, Peter und Sören beginnen, miteinander über ihre Arbeiten zu reden. Nach einer Weile ist die ganze Klasse in Aufruhr und kann sich nicht mehr beruhigen. Sie sagen den Schülern, sie müssten eben in Zukunft mehr für die Arbeiten lernen, und überhaupt wollen Sie jetzt mit dem Unterricht beginnen. Die Gruppe bleibt unbeeindruckt. Ob Sie wollen oder nicht: Sie befinden sich in einem Konflikt.

⇨ ***Bevor Sie weiterlesen:***

- Was sind für Sie typische Merkmale eines Konflikts?
- Begründen Sie Ihre Einschätzung.

Das **Wort „Konflikt“** leitet sich ab von *confligere* (lat.) = aneinandergeraten, kämpfen. Im Blick auf zwischenmenschliche Beziehungen (**interpersonelle Konflikte**) führen Neubauer / Gampe / Knapp (1999, 5f.) zur Klärung des Konfliktbegriffs drei Kriterien an:

♦ **Es gibt mindestens zwei Konfliktparteien.**

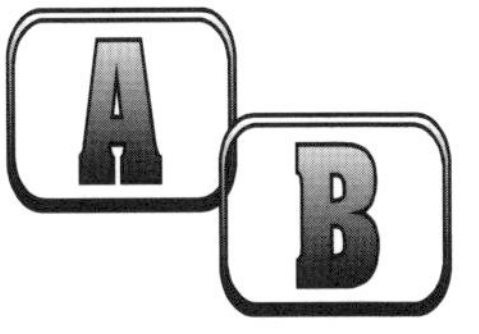

Konfliktparteien können einzelne Personen sein oder auch Gruppen und Staaten. Im direkten oder übertragenen Sinne stehen die Parteien A und B einander gegenüber und haben dabei in Bezug auf einen Sachverhalt X unterschiedliche Bedürfnisse.

Auf unser Schulbeispiel bezogen heißt das: Konfliktparteien sind Sie als Lehrerin, Ihnen gegenüber stehen als zweite Konfliktpartei zunächst nur die protestierenden und offensichtlich störenden Schüler, schließlich aber die gesamte Klasse. Sie und die Klasse nehmen eine jeweils spezifische Haltung zu der Frage ein, wie der Unterricht heute ablaufen soll, wobei sich diese Haltungen voneinander unterscheiden: Aus dieser Perspektive zeigen sich die meisten Konflikte aus Lehrersicht in Form von Unterrichtsstörungen, dies gilt vor allem für Disziplinkonflikte: Sie möchten nach der Rückgabe der Klassenarbeit mit dem Unterricht fortfahren, die Schüler aber auf Grund ihrer Betroffenheit über den Ausfall der Arbeit wollen dies nicht (s. Becker 2006; Jürgens 2005).

♦ **Die Handlungstendenzen der Konfliktparteien sind unvereinbar.**

Die Konfliktparteien haben nicht nur unterschiedliche Bedürfnisse in Bezug auf einen bestimmten Sachverhalt, ihre Absichten aufgrund dieser Bedürfnisse schließen sich aus. Handlungsabsichten sind kurz- oder langfristig motiviert. Sie können aus unmittelbaren Interessen und Bedürfnissen entspringen: „Ich fühle mich ungerecht behandelt!“, Ich habe jetzt keine Lust!“ Ebenso können Handlungsdispositionen durch Sozialisationserfahrungen begründet sein, wobei vor allem Werte, Überzeugungen und Glaubenssätze eine Rolle spielen: „Auf die Klassenarbeiten im Fach X bereitet uns der Lehrer nicht richtig vor!“ oder „Mathe ist doch sowieso langweilig!“, „Lehrer geben Noten willkürlich!“, „Wenn man protestiert, kriegt man Recht!“ Auch diese (z. T. irrationalen) Einstellungen schaffen bestimmte Bedürfnisse in der konkreten Situation, Bedürfnisse, die oft nicht (vollständig) befriedigt werden können (vgl. a. Kliebisch / Meloefski 2007).

Auf unser Schulbeispiel bezogen heißt das: Ihre Überzeugungen als Lehrerin sind nicht deckungsgleich mit den aktuellen und vielleicht sogar überdauernden Werthaltungen der Schüler. Während Sie davon überzeugt sind, dass die Ergebnisse von Klassenarbeit von den Schülern hinzunehmen sind und man deshalb zum regulären Unterricht übergehen kann, sehen die Schüler dies in dem Moment grundlegend anders: Für die Schüler ist es erst einmal wichtig, ihren Unmut zu äußern und den Fortgang des Unterrichts zu blockieren.

- **Das Handeln der Konfliktparteien ist unvereinbar.**

Aus unterschiedlichen Handlungsdispositionen der Konfliktparteien ergibt sich unterschiedliches Verhalten, wobei das Verhalten der einen Konfliktpartei das der anderen behindert und erfolglos macht.

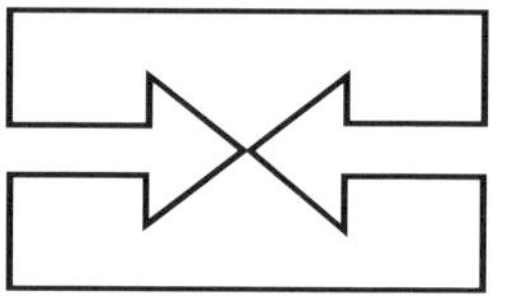

Auf unser Schulbeispiel bezogen heißt das: Sie und die Klasse sind unterschiedlicher Auffassung darüber, was im Anschluss an die Rückgabe der Klassenarbeit im Unterricht geschehen soll. Sie wollen den Unterricht wie üblich fortsetzen, um die Zeit für die Behandlung eines wichtigen Themas zu nutzen. Die Klasse hingegen hat zur selben Zeit kein Interesse und kein Bedürfnis, Ihnen im Unterrichtsstoff zu folgen. Ihr Verhalten und das der Klasse schließen sich aus; Ihre Handlungsabsichten sind mit denen der Klasse unvereinbar. Sie und die Klasse blockieren sich im Handeln gegenseitig, wodurch auf beiden Seiten Frustration entsteht.

Konflikte haben eine nachhaltige Wirkung auf die kommunikative Interaktion. Seit Watzlawick u. a. (2000) Ende der 60er Jahre menschliche **Kommunikation** zum Thema gemacht haben, wissen wir: Jeder Kommunikationsprozess **hat** danach **eine Beziehungs- und eine Sachebene**. Die Beziehungsebene der Kommunikation sagt etwas darüber aus, wie die Kommunikationspartner zueinander stehen, was sie voneinander halten und füreinander empfinden. Die Sachebene der Kommunikation benennt die Inhalte, die während einer Kommunikation transportiert werden. Dazu gehören alle Überzeugungen, Meinungen und Beschreibungen, aber auch alle metadiskursiven Aussagen, also Aussagen darüber, wie die Gesprächspartner die Kommunikation erleben (vgl. a. Schulz v. Thun, Band 1, 2006).

Konflikte entstehen durchweg auf der Beziehungsebene. Die Kommunikationspartner sind sich bei einem Konflikt nicht mehr einig darüber, wie ihre Beziehung aktuell zu definieren ist. Sie erleben dies dadurch, dass ihre jeweils spezifischen Bedürfnisse und Interessen in der aktuellen Situation durch den Konfliktpartner behindert werden. Die Partner liefern einander daraufhin unterschiedliche Beziehungsdefinitionen, wobei sich diese ganz oder teilweise ausschließen. Hinter den divergierenden Beziehungsdefinitionen verbergen sich divergierende Wertvorstellungen und Überzeugungen darüber, wie die Beziehung auszusehen hat. Die desolate Beziehungssituation führt dazu, dass auf der inhaltlichen Ebene der Kommunikation Störungen entstehen. **Die Partner reagieren auf der Inhaltsebene nicht mehr sachangemessen, weil sie auf der Beziehungsebene emotional betroffen sind** (vgl. Abb. 1).

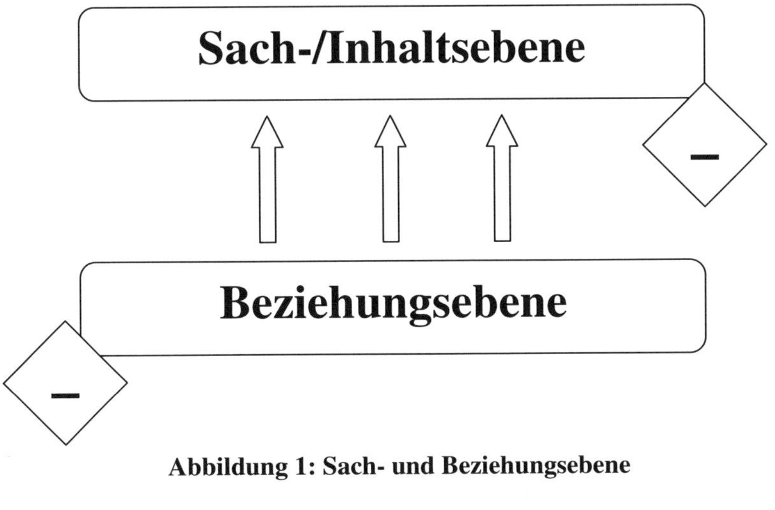

Abbildung 1: Sach- und Beziehungsebene

Die unterschiedlichen Wertvorstellungen und Überzeugungen beeinflussen die Beziehungsebene negativ; die ungünstige Beziehungssituation wirkt dann so auf die Sachebene, dass hier eine vernünftige Klärung der Situation nicht mehr möglich ist.

Parallel dazu läuft auf beiden Seiten die Frustration über die unterschiedlichen Beziehungsdefinitionen und darüber, die jeweils eigenen Bedürfnisse in der aktuellen Situationen nicht befriedigen zu können. **Die Beziehungsprobleme haben die Kraft von Stacheln**, die die Sachebene beständig von unten torpedieren. Die Kommunikationspartner müssen möglichst sofort handeln, wenn sie sich in einer solchen Konfliktsituation befinden.

⇨ ***Bevor Sie weiterlesen:***

- Nehmen Sie diese Situation an: Es ist ein heißer Sommertag. Der Klassensprecher Ihrer Klasse kommt zu Ihnen und fragt: „Können wir heute nicht mal spielen statt Unterricht zu machen? Es ist viel zu heiß zum Arbeiten. Wir arbeiten doch auch sonst gut mit.“ Auch Sie würden heute gern auf den Unterricht verzichten. Sie denken kurz nach und sagen: „Einverstanden. Aber wir machen das anders: Erst arbeiten wir 30 Minuten und dann könnt ihr die letzte Viertelstunde spielen.“
- Analysieren Sie die Situation: Inwieweit handelt es sich bei der Situation um einen Konflikt? Welche Bedürfnisse und Werthaltungen können Sie erkennen? Inwieweit ist der Konflikt gelöst?

Konflikt: Ja oder nein?
Bedürfnisse und Werthaltungen? Lehrer

Schüler / Klasse
Konflikt gelöst?

3.3. Nutzen und Chancen von Konflikten

Das Wort „**Konflikt**", aber auch reale Konfliktsituationen sind in unserem Verständnis in der Regel eher **negativ besetzt**: Konflikte möchte (und sollte?) man besser vermeiden; es wird als angenehm und unproblematisch empfunden, wenn es keine Konflikte gibt. Konfliktfreiheit wird als Ausdruck eines besonderen wechselseitigen Verständnisses der betreffenden Menschen gedeutet. All dies zeigt: Nach allgemeinem Eindruck sind Konflikte sicher eher unerwünscht.

Diese negative Einschätzung entspricht aber nur zum Teil dem wahren Wert von Konflikten. Natürlich bergen Konflikte Probleme; sie greifen die Persönlichkeit an, stellen sie in Frage. Die Beteiligten sind emotionalisiert, geraten ins Wanken. Die Welt wird unsicher, wenn man sich in einem Konflikt befindet. Dabei können interpersonelle Konflikte durch **intrapersonale Konflikte** überlagert und verschärft werden. Bei intrapersonalen Konflikten schlagen zwei Seelen in der Brust eines Menschen: Er gerät im Blick auf seine Handlungstendenzen in ein seelisches Dilemma. Jede der möglichen Handlungsrichtungen birgt Gefahren und bringt somit Nachteile. Dies gilt vor allem dann, wenn der äußere Konfliktpartner aus der eigenen Sicht für einen selbst sehr wichtig ist. Verlust- und Trennungsängste entstehen: Wird die Beziehung noch halten? Oft ist Anpassung die Folge solcher Ängste (vgl. Riemann 2006).

Doch diese negative Seite ist nur die eine Seite der Medaille. Konflikte haben auch eine positive Seite. Konflikte nutzen den Betroffenen, sie bieten Entwicklungschancen. Diese positive und nützliche Perspektive von Konflikten kann man sich gut klar machen an der

- kognitiven Entwicklung (Piaget) und an der
- Identitätsentwicklung (Erikson) des Menschen.

⇨ Theorieschub: Kognitive Entwicklung – J. Piaget

J. Piaget (2002) hat sich eingehend mit der kognitiven Entwicklung des Menschen beschäftigt. Aus der Sicht Piagets stehen die Menschen stets in einer Wechselbeziehung zu der geistigen und materiellen Umwelt, die sie umgibt. Zwei komplexe und offene Systeme (Mensch und Umwelt) stehen im wechselseitigen Austausch von Informationen, wobei der Mensch in Bezug auf die Umwelt so etwas wie ein Subsystem darstellt. Im Verlaufe dieser Interaktion mit seiner Umgebung prüft der Mensch seine bisherigen Erfahrungen auf Plausibilität und ändert sie bei Bedarf. Diese Änderung vollzieht sich über eine Änderung kognitiver Organisationsmuster mit dem Ziel, mögliche Widersprüche auszugleichen. Denn der Mensch hat stets ein Interesse an einem Gleichgewicht zwischen dem, was er schon weiß, und dem, was an neuen Informationen auf ihn zukommt. In diesem Sinne stellt die Änderung der kognitiven Strukturen immer eine Art von Anpassung des Menschen an die Umwelt dar. Dies gilt zumindest so lange, wie der Mensch die Umwelt nicht an seine Bedürfnisse anzupassen gelernt hat.

Der Anpassungsprozess vollzieht sich für Piaget auf zwei Arten, die miteinander vernetzt sind und gleichzeitig stattfinden: **Assimilation und Akkomodation**. Durch die Assimilation werden Vorgänge so variiert und modifiziert, dass sie zusammenpassen mit den bereits vorhandenen kognitiven Strukturen. Dafür ist es nötig, dass die vorhandenen Muster in gewissem Umfang interpretiert werden. Eine Akkomodation liegt dann vor, wenn neue Informationen mit existierenden kognitiven Mustern nicht mehr kompatibel sind und daher neue Ordnungsmuster geschaffen werden. Ein Beispiel: Ein Kind verfügt über die kognitive Struktur „Stuhl". Das Kind wird die Struktur zunächst auch auf Sessel und Sofas anwenden. Das heißt: Das Kind wird die neuen Informationen „Sessel" und „Sofa" zuerst assimilieren; es passt also die neue Information an ein bekanntes Schema = „Stuhl" an und verleibt sich die neue Information gleichsam ein. Begegnet dem Kind dagegen ein Hocker mit sehr hohen Beinen, wird es Schwierigkeiten haben, das bekannte Muster weiterhin zu nutzen. Das kognitive Gleichgewicht wird gestört. Wahrscheinlich wird das Kind dann akkomodieren; es wird also für die Information ein neues kognitives Schema aufbauen. So wird das angestrebte Gleichgewicht (vorläufig) wieder hergestellt (= Äquilibration).

⇨ ***Bevor Sie weiterlesen:***

- Machen Sie sich den Vorgang noch einmal in der Praxis klar: Betrachten Sie dazu am Beispiel einer Ihrer Unterrichtsstunden die Übergänge von der Einstiegs- zur Problematisierungsphase sowie von der Präsentations- und Sicherungsphase zur Vernetzungsphase.
- Wie schaffen Sie es, die Schüler zunächst kognitiv zu verunsichern, um ihnen dann beim Aufbau eines kognitiven Gleichgewichts zu helfen? Wann werden die Schüler während der Stunde eher assimilieren, wann eher akkomodieren?

Man kann das in den jeweiligen Phasen der Entwicklung entstehende kognitive Ungleichgewicht gut als **kognitiven Konflikt** deuten. Der Konflikt ist also ein interner Konflikt. Neue Informationen machen für das Individuum eine interne Reaktion notwendig; abhängig von der Struktur der neuen Informationen kann der Mensch dann assimilieren oder akkomodieren. Aber er muss und wird reagieren. Die Reaktion ist aber zugleich eine Progression in Richtung auf ein größeres inneres Gleichgewicht. Insoweit ist der kognitive Konflikt nützlich, **weil er die Chance zur Entwicklung birgt**.

⇨ ***Bevor Sie weiterlesen:***

- Wir stellen im Unterricht gezielt kognitive Konflikte her: Dies geschieht vor allem durch die Entwicklung der leitenden Fragestellung (Problemfrage) am Ende der Einstiegsphase einer Unterrichtsstunde.
- Zeigen Sie am Beispiel einer Ihrer Unterrichtsstunden, wie durch eine leitende Fragestellung bei den Schülern ein kognitiver Konflikt entsteht.
- Überlegen Sie, mit welchen kognitiven Strategien die Schüler das entstandene kognitive Ungleichgewicht im Laufe der Stunde beheben können? Inwieweit hilft den Schülern dabei die Anlage der Stunde?

Kognitiver Konflikt
Kognitive Strategien

⇨ Theorieschub: Identitätsentwicklung – E. Erikson

E. Erikson (2003) hat aus neo-psychoanalytischer Sicht sehr intensiv die **Identitätsentwicklung** des Menschen untersucht. Erikson beschreibt die Entwicklung zur Identität in einer Reihe von Stufen. Auf jeder Stufe der Entwicklung geschieht das Gleiche: Die erreichte Entwicklung wird durch neue Erfahrungen (Input der Umwelt) auf Praktikabilität hin geprüft. Dabei bewegt sich der Menschen in immer neuen Oppositionen, die ihn letztlich in Krisen stürzen. Diese Krisen bleiben nicht Selbstzweck; sie müssen überwunden werden, wodurch eine neue Stufe der Entwicklung zur Identität erreicht wird.

Erikson beschreibt eine Reihe solcher Krisen, die der Mensch in seiner Entwicklung zur Identität durchläuft; durch erfolgreich gemeisterte Krisen entwickeln sich grundlegende Pfeiler der menschlichen Persönlichkeit:

- Urvertrauen (gegen Urmisstrauen)
- Autonomie (gegen Selbstzweifel)
- Initiative (gegen Schuldgefühle)
- Leistung (gegen Minderwertigkeit)
- Intimität (gegen Zurückhaltung)
- Integrität (gegen Verzweiflung)

Die von Erikson dargestellten **Krisen** kann man durchaus als **psychische Konflikte** verstehen: Der Mensch stößt mit seinem bisherigen Verhalten jeweils an die Grenzen seiner Möglichkeiten. Eine neue Stufe der Entwicklung ist für ihn zugleich eine neue Herausforderung: Der Mensch muss dazulernen, sich auf eine neue Weise an die Umwelt anpassen und erlangt sein seelisches Gleichgewicht, wenn er die jeweilige Herausforderung bewältigt.

Ein **Beispiel**: **Der Erwerb des Urvertrauens** ist für den Menschen von herausragender Bedeutung. Gerade in der oralen Phase sucht das Kind Geborgenheit und Verlässlichkeit über die Bezugspersonen, die es umsorgen. Unzuverlässige Situationen bergen die Gefahr, dass das Kind statt eines Urvertrauens ein Urmisstrauen entwickelt. Eine solche pessimistische Grundhaltung kann im Verlauf der späteren Entwicklung zu Depressionen und Regressionen führen. Diese wiederum würden eine gesunde Fortentwicklung zu einer ichidentischen und ichstarken Persönlichkeit behindern oder gar unmöglich machen. Aus dieser Perspektive ist der **psychische**

Konflikt eine Chance für das Kind, sich so konstruktiv mit der Umwelt auseinanderzusetzen, dass es zu einer psychisch gesunden Persönlichkeit heranwächst. Anders gesagt: **Ich-Identität ist Ausdruck der erfolgreichen Bewältigung von psychischen Konflikten.**

⇨ ***Bevor Sie weiterlesen:***

- Für Lehrer ist Eriksons Opposition „Leistung – Minderwertigkeit" sicher von besonderem Interesse. Ziel der Schule kann es nur sein, bei den Kindern und Jugendlichen ein gesundes Leistungsdenken zu entwickeln.
- Wie kann man Ihrer Meinung nach ein Leistungsdenken vermitteln, das ohne Minderwertigkeitsgefühl auskommt?
- Wie problematisch finden Sie es, wenn ein Schüler eine Fünf schreibt und sich dabei äußerst minderwertig erlebt? Wie gefährdet ist bei diesem Schüler die Entwicklung zu einer gesunden Persönlichkeit?

Leistung ohne Minderwertigkeit?
Psychische Folgen einer Fünf?

3.4. Lösung von Konflikten

Konflikte werden niemals nur auf der kognitiven Ebene erlebt und bewältigt. Viele **Konflikte werden emotionalisiert** und auch so empfunden. Schüler etwa sind Sachargumenten wenig zugänglich, wenn sie sich (wie in unserem Eingangsbeispiel) durch die Note einer Klassenarbeit ungerecht beurteilt fühlen. Ihre Einschätzung (Deutung) der Situation emotionalisiert die Schüler (in diesem Falle negativ). Die so entstandenen Gefühle wiederum sind Grundlage für ihr Handeln: Die Schüler wollen das innere Ungleichgewicht durch Einholen von Solidarität normalisieren, reden daher miteinander, protestieren und werden laut. Strukturell hindern sie ihren (vermeintlichen) Widersacher, den Lehrer, daran, sein Konzept von Unterricht zu realisieren. Die Schüler sind aufgrund ihrer Gefühle und Empfindungen auf Widerstand und Angriff programmiert. Dies wiederum führt auch beim Lehrer zu einer entsprechenden Erfahrung und zu dem Eindruck, er müsse sich „durchsetzen". Auch bei ihm ist der Organismus auf „Alarm" gestellt.

Durch den während eines Konflikts entstehenden inneren Emotionsdruck **hat jede Konfliktpartei das Bedürfnis, sich gegenüber der anderen zu behaupten**. Dieses Bedürfnis ist direkter Ausdruck der starken negativen Emotionalisierung, die beide Seiten erleben. Diese Emotionalisierung wiederum ist Resultat der wahrgenommenen Blockade der jeweils eigenen Werthaltungen und Überzeugungen und damit des Bedürfnisses, seine persönlichen Handlungstendenzen auch im konkreten Handeln umzusetzen. Konflikte sind damit immer ein äußeres Bild einer intensiv empfundenen innerlich erlebten Gefühlsirritation; die Konflikte kommen zustande aufgrund nicht befriedigter Handlungsbedürfnisse.

Der in dieser Situation sich von selbst aufbauende innere Druck ist nur schwer rational kontrollierbar. Er gleicht einer Stresserfahrung. Spontanreaktionen von Konfliktpartnern zielen daher meist darauf, eine zu den eigenen Gunsten einseitige Gewinner-Verlierer-Situation (win-lose) herzustellen. Das Bedürfnis, selbst Gewinner in einem Konflikt zu sein, resultiert aus der Annahme, nur so seine eigenen Bedürfnis optimal befriedigen zu können. Der Konfliktpartner B wird dabei von A stets als Störfaktor empfunden, dessen Interesse darauf gerichtet ist, die Bedürfnisse von A zu ignorieren und dafür die eigenen zu befriedigen. **Konflikte sind insoweit immer ein**

„Kampf der Emotionen“. Die zentrale Aufgabe für die Beteiligten ist es daher, der Emotionalisierung des Konflikts durch Rationalisierung zu begegnen.

Starken und standhaften Konfliktpartnern wird auch schnell klar, dass sie mit dem Versuch, sich gegenüber dem jeweils anderen Konfliktpartner einseitig durchzusetzen, nur scheitern und sogar den Konflikt verschärfen können. Oft kommt an diesem Punkt der Entwicklung eine rationale Komponente mit ins Spiel: Die Beteiligten fangen an zu kalkulieren, inwieweit auch andere Ergebnisse als die einseitige Gewinner-Verlierer-Situation geeignet sind, die Konfliktsituation zu beheben. Dabei achtet jeder darauf, sein Gesicht wahren zu können.

Die Gefahr besteht, dass die Beteiligten in dieser Phase auf **zwei ungünstige Lösungsmuster** verfallen, nur um dem Problem möglichst schnell zu entgehen:

- Verlierer-Verlierer-Situation
- Verlierer-Gewinner-Situation

Die **Verlierer-Verlierer-Situation** (lose-lose) beruht auf einem Vermeidungsverhalten: Die Konfliktpartner gehen dem Konflikt aus dem Weg, indem sie ihn für banal, überflüssig, nicht der Rede wert oder für „eigentlich“ schon gelöst erklären. Vielleicht entschuldigen sie sich auch wechselseitig für das angebliche Fehlverhalten, das das Problem ausgelöst hat. Die Vermeidung einer ernsthaften Klärung des Konflikts schließt das Vermeiden ein, die Ursachen des Konflikts und damit die individuellen Bedürfnisse zu benennen und wechselseitig ernst zu nehmen. Diese unbefriedigten Handlungstendenzen der Konfliktpartner, dieses Unbefriedigtsein der Partner wird aber nicht gelöscht dadurch, dass auf der rationalen Ebene die Bedeutungslosigkeit des Unbefriedigtseins behauptet wird. Anders gesagt: Die emotionale Irritation, die der Konflikt geschaffen hat, bleibt bestehen, da diese durch die kognitive Relativierung ihrer Bedeutung selbst an Bedeutung nicht verliert. Weitere Probleme sind so vorprogrammiert.

Eine **Verlierer-Gewinner-Situation** (lose-win) als Ausgang eines Konflikts ist auf andere Weise unvorteilhaft und daher mindestens ebenso problematisch. Eine Verlierer-Gewinner-Situation liegt dann vor, wenn einer der Konfliktpartner einseitig nachgibt, sich also dem anderen unterwirft, ohne dass dieses Nachgeben auf der Grundlage von rationaler Einsicht geschieht. In dem Fall ist das Nachgeben, das

Einschwenken auf eine mögliche Lösung des Konflikts durch den anderen Konfliktpartner eben auch eine Art des Ausweichens vor den Folgen, die das Beharren auf den eigenen Bedürfnissen tatsächlich oder vermutlich hätte. In Erwartung weiterer Probleme im Umgang mit dem jeweils anderen Konfliktpartner und / oder in Erwartung sozialer Ablehnung, also aus Angst vor Schwierigkeiten, verzichtet im Falle einer Lose-Win-Situation ein Konfliktpartner darauf, seine Bedürfnisse angemessen in den Konfliktlösungsprozess einzubringen und zu vertreten. Auch hier bleiben Bedürfnisse unbefriedigt und sind damit Nährboden für spätere Konflikte.

⇨ ***Bevor Sie weiterlesen:***

- Überlegen Sie Situationen im Schulalltag, in denen Sie selbst Lose-Lose- oder Lose-Win-Situationen zugelassen haben.
- Beurteilen Sie Ihr Verhalten und nennen Sie Alternativen.

Die Verlierer-Verlierer-Haltung und die Verlierer-Gewinner-Haltung kommen in der Praxis sehr häufig vor und überdecken die intendierte Win-Win-Situation. **In beiden Fällen wird eine Lösung an der Oberfläche produziert, während im emotionalen Untergrund das Problem bestehen bleibt.** Man wundert sich oft, weshalb Vereinbarungen als Resultat von Konfliktlösungen (als Kompromisse) nicht überdauern und in kurzer Zeit zu neuen Schwierigkeiten führen. Dies dürfte damit zu tun haben, dass Nachgeben und Vermeiden oft eine Rolle spielen. Wahrscheinlich liegt es daran, dass zu viele Menschen im engeren Sinne nicht konfliktfähig sind: Sie können Konflikte und die damit verbundenen unangenehmen Begleiterscheinungen (Konfrontation, negative Gefühle, Aushandeln etc.) nicht hinreichend lange aushalten. **Anders gesagt: Viele Menschen gehen zu oft „faule Kompromisse" ein, indem sie sich**

unterordnen oder Konfliktgesprächen ausweichen. Richtig ist aber auch: **Nur echte Win-Win-Situationen schaffen eine solide Basis für eine langfristige Aufhebung der Konflikte.**

Ein Konflikt darf nicht weiter unterhalten werden, wenn man ihn lösen will. Dazu ist es notwendig, dass sich die Gesprächspartner nicht weiter auf der Sachebene auseinandersetzen. Denn die Sachebene ist nur ein stellvertretender Schauplatz für den Beziehungskonflikt. Die Kommunikationspartner müssen die inhaltliche Ebene der Auseinandersetzung verlassen und sich auf eine **Meta-Ebene** begeben (s. Abb. 2). Hier sind Sie als Lehrer gefragt, immer wenn Sie im Unterricht einen Konflikt mit Schülern bemerken. Sie müssen mit den Schülern **über den Beziehungskonflikt reden**. Dies kann und sollte auch im Unterricht selbst geschehen.

Kommunikation über Kommunikation

Gespräche über den nicht-verbalen Beziehungsaspekt der Kommunikation

Klärung der Beziehungssituation

Abbildung 2: Meta-Kommunikation

Reden über den Beziehungskonflikt bedeutet aber nicht, dass der Lehrer die Konfliktsituation einseitig „löst“. Einseitige Lösungen beruhen immer auf dem Einsatz von Macht und Position des Lehrers. In dem Fall werden die Schüler übergangen; es entsteht eine Gewinner-Verlierer-Situation. Die Schüler merken, dass sie nicht zum Zuge kommen, dass sie nicht ernst genommen werden. Dies führt unterschwellig zu weiterer Frustration und vielleicht auch offen zu Widerstand. Ziel muss es sein, über die Meta-Diskussion zu einer Klärung des Konflikts zu kommen. **Eine wirkliche Klärung eines Konflikts lässt keine Verlierer zurück. Es entsteht eine Gewinner-Gewinner-Situation (win-win).** Es ist im schulischen Alltag letztlich immer der Lehrer, der über die Art der Konfliktlösung entscheidet. Durch sein Verhalten macht er Schüler in Konfliktsituationen zu Gewinnern oder Verlierern.

Der Lehrer muss den Konflikt zum Thema machen, wenn der Konflikt nicht weiter im Verborgenen schwelen und das Unterrichten erschweren soll. Die Schüler werden aus eigener Kraft in der Regel ein Konfliktgespräch kaum anregen, weil die komplementäre Struktur der Lehrer-Schüler-Beziehung ein solches Schülerverhalten weitgehend ausschließt. Beim Ansprechen des Konfliktes sollte der Lehrer eine **Feedback**-Aussage verwenden:

> „Ich fühle mich durch euer Verhalten X behindert.
> Ich kann unter diesen Umständen den Stoff nicht durchkriegen,
> den ich mir für diese Stunde vorgenommen habe.
> Darüber möchte ich jetzt mit euch sprechen."

So oder so ähnlich könnte beispielsweise eine Feedback-Äußerung lauten, die den Lehrer-Schüler-Konflikt aus unserem Eingangsbeispiel aufnimmt. Es bietet sich an, das weitere Gespräch für die Schüler durch **Türöffner** zu erleichtern. Türöffner sind Formulierungen, die den Gesprächspartner inhaltlich nicht festlegen oder bewerten, ihm aber einen möglichen und auch gewünschten Einstiegspunkt zeigen. Beispiele, wie Sie als Lehrer einsteigen könnten:

- „Ich bin wirklich sehr interessiert zu erfahren, wie ihr die Situation erlebt."
- „Vielleicht könntet ihr mir eure Sicht der Lage beschreiben."
- „Ich glaube, das können wir nicht einfach so auf sich beruhen lassen."
- „Ich fühle mich in den letzten Stunden im Unterricht ziemlich unwohl. Ich würde darüber gern einmal mit euch sprechen."

Die eigentliche Konflikt-Lösung kann beginnen, wenn die Konfliktpartner durch geeignetes Feedback die Meta-Ebene der Kommunikation erreicht haben und zum Gespräch bereit sind. Der **Konfliktlösungsprozess** läuft über **sechs Schritte**, die nacheinander und vollständig durchlaufen werden sollten (vgl. Gordon 1994; 2002 u. Abb. 3).

Konflikt-Lösung in 6 Schritten

1. Konflikt genau beschreiben
2. Lösungsvorschläge machen
3. Bewertung der Lösungsvorschläge durchführen
4. Lösung auswählen
5. Lösung planen und ausführen
6. Ergebnis prüfen

Abbildung 3: Strategie zur Konflikt-Lösung

Wichtig:

- Lehrer und Schüler reden offen über ihre Bedürfnisse im Blick auf die Konfliktsituation.
- Lehrer und Schüler gehen die sechs Schritte gemeinsam.
- Im Idealfall sind Lehrer und Schüler im Verlauf des Prozesses völlig gleichberechtigt (symmetrische Kommunikation).
- Es zählen nur rational begründete Argumente.
- Auch der Lehrer hält sich an die gemeinsam getroffenen Vereinbarungen.

Zur Erläuterung der sechs Schritte

1. Schritt: Konfliktsituation genau beschreiben

Die Kenntnis über die Existenz eines Konflikts klärt noch nicht, worin genau der Konflikt besteht. Der Konflikt muss daher präzise beschrieben werden. A) Wie und woran zeigt sich der Konflikt? Wer verhält sich wie? B) Worin liegt die Ursache für die Konfliktsituation? Welche Bedürfnisse haben die Konfliktparteien?

2. Schritt: Lösungsvorschläge machen

Im nächsten Schritt des Prozesses machen die Konfliktparteien Lösungsvorschläge für den Konflikt. Dies geschieht in Form eines Brainstormings, an dem alle Konfliktpartner beteiligt sind. In dieser Phase sollen die Vorschläge noch nicht kommentiert oder bewertet werden; jeder Vorschlag ist gleich wertvoll und wird in eine Liste möglicher Lösungen aufgenommen.

3. Schritt: Lösungsvorschläge bewerten

Die Konfliktpartner bewerten die Lösungsvorschläge anschließend. *Was spricht für einen Lösungsvorschlag? Welche Kräfte oder Umstände unterstützen ihn? Was spricht gegen einen Vorschlag? Welche Kräfte behindern die Umsetzung eines Lösungsvorschlags? Welche Hilfe brauchen die Konfliktpartner bei der Umsetzung einzelner Lösungsvorschläge? Wie und von wem könnten die Konfliktpartner Hilfe bekommen? Wie sicher ist ihnen diese Hilfe?* Die Pro- und Contra-Argumente werden gewichtet.

4. Schritt: Den besten Lösungsvorschlag auswählen

Anhand der vorgenommenen Wertungen und Gewichtungen benennen die Beteiligten den besten Lösungsvorschlag. Welcher Lösungsvorschlag bringt für beide Konfliktpartner zusammen die meisten Vorteile? Die Auswahl der besten Lösung geschieht einvernehmlich und mit voller Akzeptanz beider Konfliktparteien. Achtung: Akzeptiert wird als bester Vorschlag nur der, der beiden Seiten die meisten Vorteile bringt und der von beiden Konfliktpartnern akzeptiert wird. Es gibt also keine einseitige „Verzichtserklärung“. Gemeinsames Ziel der Konfliktparteien ist es also, eine Gewinner-Gewinner-Situation zu erreichen.

5. Schritt: Den besten Lösungsvorschlag in die Praxis umsetzen

Zu wissen, wie es geht, bedeutet noch nicht, es auch zu tun. Die Konfliktparteien bestimmen deshalb genau, wie der ausgewählte Lösungsvorschlag in die Praxis umgesetzt werden soll. *Wer soll was tun? Wann soll er es tun? Wie soll er es machen? Wie können wir feststellen, ob die Umsetzung erfolgreich war? Wann sollen wir das Ergebnis prüfen?* sind Fragen, die an dieser Stelle zu beantworten sind. Am Ende dieser Phase weiß jeder Konfliktpartner, was er in Zukunft genau wie anders machen muss, um den Konflikt zu beseitigen.

6. Schritt: Die Lösungsergebnisse prüfen

Zu festgelegten Zeitpunkt prüfen die Konfliktpartner das Ergebnis der Konfliktlösung. *In welchem Maße ist es gelungen, den Konflikt beizulegen? Bleiben Fragen oder Probleme offen? Welche?* Stellen die Beteiligten fest, dass der Konflikt noch nicht zur Zufriedenheit aller behoben ist, müssen sie die sechs Schritte des Konfliktlösungsprozesses noch einmal durchlaufen. Dies geschieht so lange, bis alle Beteiligten mit dem Ergebnis der Prüfung einverstanden sind.

⇨ ***Bevor Sie weiterlesen:***

- Wie gleichberechtigt können / sollen / dürfen Schüler und Lehrer im Verlauf des Lösungsprozesses sein? Berücksichtigen Sie dabei Ihre persönlichen Erfahrungen.

- In welchem Maße darf / muss in der Schulwirklichkeit der Lehrer von Schülern vorgeschlagene Lösungen akzeptieren, wenn diese Lösungen „vernünftig“ sind.

- Wie schwierig ist es für Lehrer, in Konflikten mit Schülern offen ihre eigenen Bedürfnisse auszusprechen? Warum besteht diese Schwierigkeit?

⇨ Hinweis Streitschlichtung (Mediation)

An vielen Schulen sind Streitschlichter tätig. Sie nutzen in der Regel als Grundlage für ihre Arbeit das Sechs-Schritte-Modell, das wir in diesem Kapitel vorstellen (s. o.). **Im Rahmen der Mediation werden Schüler zu Streitschlichtern ausgebildet** (vgl. Kopietz / Schäfer 2006). Sie haben die Aufgabe, Streit zwischen Schülern nach bestimmten Regeln und Grundsätzen zu bearbeiten und mit den Beteiligten nach geeigneten Lösungen für die Konflikte zu suchen. Die Mediationskonzepte beziehen sich dabei im Blick auf das Menschenbild und die eingesetzten Strategien auf die humanistische Psychologie (Rogers, Gordon). Im Verlauf der Ausbildung erhalten die neuen Streitschlichter Hinweise und Hilfen u. a. zu folgenden Punkten:

- Aktives Zuhören und Empathie: Streitschlichter sollen die Konfliktparteien spiegeln (verbal und non-verbal) und sich möglichst gut in deren unterschiedliche Rollen und Sichtweisen versetzen.
- Vertraulichkeit: Streitschlichter sind wie Berater zur Verschwiegenheit verpflichtet über das, was sie im Rahmen der Mediation erfahren.
- Neutralität und Fairness: Streitschlichter müssen sich ihrer Rolle als neutrale Helfer bewusst sein. Sie müssen offen sein gegenüber beiden Konfliktpartnern.
- Moderation: Die Streitschlichter strukturieren das Konfliktgespräch. Dabei beziehen sie sich auf Gesprächsregeln, die allen Beteiligten bekannt gemacht werden.

In der Praxis entlastet die Streitschlichtung die Lehrer einer Schule wirkungsvoll im Blick auf die Unterrichts- und Erziehungsarbeit. Lehrer schicken Schüler zur Streitschlichtung, so dass dort die Konflikte bearbeitet werden, die den Lehrern beispielsweise in ihrem Unterricht aufgefallen sind und dort nicht direkt gelöst werden können. Dies ermöglicht dem Lehrer, sich intensiver auf seine Unterrichtstätigkeit zu konzentrieren (vgl. Kaeding / Richter / Siebel / Vogt 2005; vgl. in dem Zusammenhang auch das Trainingsraum-Programm bei Claßen / Nießen 2006 u. Balke 2003).

⇨ ***Bevor Sie weiterlesen:***

- Worin sehen Sie die Chancen der Mediation an Schulen?

- Welche Gefahren und Schwächen könnten Lehrer in der Streitschlichtung sehen?
- Wie beurteilen Sie die Chancen und den Nutzen der Mediation an der Schule?

3.5. Aufgaben des Lehrers als Konfliktpartner

Die Konfliktpartner benutzen ständig die Sprache, während sie einen Konflikt lösen. Die Sprache ist das wichtigste Hilfsmittel, um einen Konflikt sinnvoll zu bewältigen. Daher sollten sich die Konfliktpartner auch stets der Sprache bewusst sein, die sie wählen. Die Sprache muss im Laufe des Konfliktlösungsprozesses so verwendet werden, dass sie dem Prozess dient und ihn nicht behindert. Lehrer sind Schülern im Allgemeinen sprachlich überlegen; dies gilt auch für die Anwendung bestimmter Gesprächstechniken wie etwa die des Aktiven Zuhörens. Der Lehrer darf diese Überlegenheit nicht ausnutzen. Es ist seine Aufgabe als Erzieher, die Schüler in den Problemlösungsprozess so einzubinden, dass sie damit auch sprachlich zurechtkommen. Die folgende Liste enthält einige Tipps, die dem Lehrer helfen können, die Sprache während der Konfliktlösung angemessen einzusetzen und dadurch mit den Schülern gemeinsam schneller zu klaren Ergebnissen zu kommen (vgl. a. Neubauer 1999; Rademacher 2004 u. 2005).

Regeln für den kommunikativen Lösungsprozess

1. Glauben Sie an eine Lösung des Konflikts!

Gehen Sie nur dann in ein Konfliktlösungsgespräch, wenn Sie an die Lösung des Konflikts glauben. Der Glaube an die Möglichkeit, den Konflikt zu bewältigen, versetzt Berge. Pessimistische Grundannahmen dagegen machen Sie inflexibel und führen zu destruktivem Verhalten auf allen Seiten. Überzeugen Sie Ihre Schüler: Es geht jetzt um mehr als das Beharren auf individuellen Ansichten. Alle können gewinnen. Es geht um die Qualität der gemeinsamen Beziehung und damit um die Chancen der gemeinsamen zukünftigen Arbeit.

2. Stellen Sie Rapport her!

Nehmen Sie Kontakt mit Ihren Schülern auf und stellen Sie einen guten Draht zu ihnen her. Schauen Sie ihnen in die Augen, halten Sie den Blickkontakt. Spiegeln Sie die Körperhaltung einzelner Schüler und alles andere, was Ihnen sprachlich und nicht-sprachlich einfällt und möglich ist. Jede Übereinstimmung, die Sie mit den Schülern herstellen, schafft einen besseren Kontakt zu ihnen. Wir mögen Menschen, die etwas mit uns teilen und uns ähnlich sind. Wir finden sie sympathisch und sprechen lieber mit ihnen als mit anderen: Wir sind sicher, dass von solchen Menschen uns gegenüber keine Gefahr ausgeht. Nehmen Sie den Schülern die Angst!

3. Versetzen Sie sich in die Lage Ihrer Schüler!

Erleben Sie die Welt und die Konfliktsituation mit den Augen Ihrer Schüler, hören Sie alles mit ihren Ohren und fühlen Sie so wie sie. Seien Sie emphatisch und sprechen Sie aus, was Sie denken und fühlen. Versetzen Sie sich in die Lage der Schüler. Die Schüler nehmen die Welt nicht nur anders wahr als ein Lehrer, sondern sie deuten sie auch anders. Je näher Sie der Weltsicht Ihrer Schüler kommen, desto mehr werden Sie diese verstehen. Verstehen wiederum schafft emotionale Nähe und Vertrauen, es schafft Sympathie und Sicherheit. Das alles sind gute Voraussetzungen für eine gemeinsam vertretbare Lösung des Konflikts.

4. *Zeigen Sie Verständnis!*

Verstehen erzeugt Sympathie, aber nur wenn Sie das Verstehen auch zum Ausdruck bringen. Zeigen Sie verbal und nicht-verbal Aufmerksamkeit und Akzeptanz! Sprache, Mimik, Gestik und Körperhaltung bilden eine Einheit: Sie sind authentisch! Nehmen Sie die Situation und die Schüler in deren Lebens- und Selbstverständnis ernst! Bleiben Sie ruhig und gelassen. Gönnen Sie sich Zeit für das Konfliktgespräch. Lassen Sie jeden zu Wort kommen, der etwas beitragen möchte. Seien Sie demokratisch in Ihrem Verhalten und stellen Sie (soweit wie möglich) eine symmetrische Kommunikationssituation her.

5. *Bleiben Sie beim aktuellen Konflikt!*

Konfrontieren Sie die Schüler hier und jetzt nicht mit Konflikten aus früheren gemeinsamen Erfahrungen. Vermeiden Sie Generalisierungen. Dadurch würde die Situation (zu) stark emotionalisiert. Verteidigungshaltungen und offener Widerstand oder Ignoranz auf Seiten der Schüler wären die Folgen. Generalisierungen sind immer Lügen, das merken auch Schüler. Und dagegen werden sie sich wehren. Je klarer Sie den aktuellen Konflikt eingrenzen, desto eher werden Sie dafür zusammen mit den Schülern Lösungen finden.

6. *Seien Sie ehrlich!*

Formulieren Sie, was Sie wirklich denken, fühlen und wünschen. Nur so können die Schüler Sie rasch verstehen und sich auf Sie und Ihre Bedürfnisse einstellen. Überprüfen Sie Ihre eigene Wahrnehmung und deren Deutung. Korrigieren Sie Vorurteile, die Ihnen auffallen und Sie bei einer angemessenen Interpretation der Situation behindern. Seien Sie Mensch. Verzichten Sie darauf, eine institutionalisierte Rolle zu spielen. Und dennoch: Bleiben Sie Profi! Halten Sie Distanz und Nähe zugleich! Leben Sie professionelle Zuwendung!

7. *Seien Sie offen für Veränderungen!*

Hören Sie genau zu, was Ihnen die Schüler über ihre Sicht der Situation, über ihre Bedürfnisse und Wünsche sagen. Fragen Sie nach, wenn

Ihnen Aussagen, Skepsis oder gar Ängste unklar bleiben. Vermeiden Sie Unterstellungen, Rechtfertigungen, Alltagstheorien, Anklagen und Befragungen. Stellen Sie eine offene Atmosphäre her. So werden Sie offen für eine Veränderung Ihrer eigenen Perspektive. Dadurch kommen Sie leichter und tiefer mit den Schülern ins Gespräch.

8. Verwenden Sie Ich-Botschaften!

Sagen Sie das, was Sie sagen, in Ich-Sätzen! Und fordern Sie auch die Schüler dazu auf, so zu sprechen. Dadurch machen alle deutlich, dass das Gesagte im engen Sinne ihre jeweils persönliche Einschätzung ist, die von der anderen Seite nicht zwangsläufig geteilt werden muss. Vor allem die Schüler fühlen sich so weniger angegriffen. Die faktisch komplementäre Schüler-Lehrer-Beziehung wird so ein Stück weiter mehr in Richtung einer symmetrischen Kommunikation aufgehoben. Denn die Schüler kennen nur zu gut die Du-Botschaften, die sie zum Teil gegen alle Vernunft erziehen und sozialisieren sollen. Sie reagieren darauf oft genug mit berechtigtem Argwohn und mit Ablehnung.

9. Hören Sie reflektierend und aktiv zu!

Entschlüsseln Sie sowohl inhaltlich als auch auf der Gefühlsebene, was die Schüler sagen. Seien Sie behutsam bei der Deutung der Aussagen und non-verbalen Informationen. Spiegeln Sie dann die inhaltlichen Aussagen der Schüler ebenso wie deren Gefühle. Halten Sie sich mit Wertungen so weit wie möglich zurück. Versuchen Sie zu verstehen, wie die Schüler die Konfliktsituation wahrnehmen und erleben. Lassen Sie sich von den Schülern bestätigen, ob Sie diese richtig verstanden haben. Gehen Sie erst dann auf das Gesagte ein, wenn Sie ganz sicher sind: „Ich habe euch verstanden."

⇨ ***Bevor Sie weiterlesen:***

- ***⇨ Beispiel: Reflektierendes und aktives Zuhören***

Reflektierendes und aktives Zuhören sind Techniken zu spiegeln, die besonders wirksam Rapport herstellen. Reflektierendes Zuhören heißt das

Rückmelden der inhaltlichen Aussagen des Gesprächspartners, wobei mehr als eine bloße Paraphrase der Äußerungen erforderlich ist. Aktives Zuhören spiegelt dagegen die emotionalen Inhalte einer Aussage, die oft zunächst verborgen sind. Manche benutzen den Begriff aktives Zuhören auch für beide Aspekte einer sprachlichen Botschaft, also für die inhaltliche und die emotionale Dimension. In jedem Fall bedeutet reflektierendes bzw. aktives Zuhören das **wertfreie Rückmelden** der jeweiligen Botschaft. Hört jemand reflektierend oder aktiv zu, beurteilt er die Äußerungen seines Gesprächspartners nicht; er bleibt neutral und gibt in dieser Phase auch keine Ratschläge (vgl. Rogers 2005a).

Abbildung 4: Aktives Zuhören

Menschen sagen nicht immer alles, was sie sagen könnten. Sie tilgen Informationen oder verzerren und generalisieren sie. Dieser Umstand erschwert die menschliche Kommunikation. Zusätzlich äußern sich manche Menschen unklar, so dass Missverständnisse vorprogrammiert sind. Missverständnisse im Gespräch behindern aber den Rapport; guter Rapport setzt Verstehen voraus. **Ein guter Kommunikator nutzt das reflektierende bzw. aktive Zuhören, um Missverständnissen im Gespräch vorzubeugen und Verstehen zu erzeugen.** Wie macht er das?

Ein professioneller Kommunikator kennt die Strukturen, die während eines Gesprächs wirksam sind: Dazu ein Beispiel (Abb. 4): Der Sprecher, hier ein Junge, erklärt seiner Mutter, heute noch sehr viel für die Schule tun zu müssen. Diese Aussage des Kindes ist bereits eine Verschlüsselung dessen, was der Junge tatsächlich denkt und was ihn bewegt; es ist also eine Kodierung seiner Gedanken und seiner Gefühle. Der Junge hat eine 5 in Mathematik nach Hause gebracht; er weiß, dass sein Vater dies nicht kommentarlos hinnehmen wird. Deshalb möchte er ihm an diesem Tag lieber nicht mehr begegnen. Vielleicht hat sich der Vater ja bis morgen beruhigt und die Auseinandersetzung wird dann weniger heftig.

Die Mutter versteht, was ihren Sohn bewegt, und sie hört daraufhin reflektierend und aktiv zu (s. Abb.). Sie sagt ihrem Kind zuerst, was sie inhaltlich verstanden hat: „Du möchtest mit Vati heute nicht mehr sprechen." Dann entschlüsselt die Mutter die Aussage ihres Sohnes im Blick auf deren emotionalen Gehalt, den der Junge zunächst explizit verschwiegen hat. Die Mutter meldet ihrem Sohn zurück, was sie an Emotionalität aus seiner Äußerung heraushört: „Du hast Angst, dass Vati dir die Leviten liest." Dabei bewertet die Mutter die Äußerung ihres Sohnes nicht, wodurch sich das Kind verstanden fühlt.

Natürlich kann man die Aussagen eines Menschen falsch interpretieren. Insbesondere lässt sich nicht immer ohne weiteres der emotionale Gehalt einer Aussage herausfinden, da die Strategien der Menschen, Gefühle zu verbergen, sehr vielschichtig sind. Manche Gefühle lassen sich auch nur schwer in Worte fassen. Doch selbst wenn man mit der Deutung einer Aussage einmal falsch liegt, ist dies nicht weiter schlimm. Schließlich hat der Gesprächspartner ja sofort die Gelegenheit, die fehlerhafte Interpretation zu korrigieren. Abgesehen von potentiellen Fehldeutungen haben reflektierendes und aktives Zuhören einen großen Nutzen: **Der Kommunikationspartner**, dem man aktiv zuhört, erlebt sich in Übereinstimmung mit seinem Gegenüber, er **fühlt sich also von seinem Partner voll verstanden und akzeptiert**. Er erlebt eine Kongruenz zwischen seinen eigenen Aussagen und Empfindungen und dem, was sein Gesprächspartner davon versteht (vgl. Kliebisch / Schmitz 2005).

Aktives und reflektierendes Zuhören schaffen ein einfühlendes Verständnis der Person, nicht ein Verständnis über sie. Durch dieses emphatische Verstehen wird derjenige, dem man aktiv bzw. reflektierend zuhört, „frei sich auf den Weg zu machen und kann anfangen, darüber nachzudenken, wie er sich ändern will, wie er wachsen will, wie er anders werden kann, wie er mehr von dem werden könnte, was er zu sein fähig ist." (Gordon 1994, 58) Aktives bzw. reflektierendes Zuhören ist damit eines der wichtigsten Hilfsmittel, um guten Rapport herzustellen.

⇨ ***Übung: Aktives Zuhören***

- Lesen Sie die folgenden Schüleräußerungen.
- Überlegen Sie, wie Sie auf diese Äußerungen mit reflektierendem und aktivem Zuhören reagieren könnten. Formulieren Sie evtl. mehrere Varianten.
- Notieren Sie Ihre Äußerungen.
- Besprechen Sie Ihre Äußerungen des aktiven und reflektierenden Zuhörens mit Ihren Kolleginnen und Kollegen.

„Ich habe da schon so viel Energie reingesteckt. Aber das hat alles nichts gebracht. Ich glaub', ich schaff' das Schuljahr diesmal nicht."	

„Wenn ich eine Arbeit schreiben muss, hab' ich schon Tage vorher ein schlechtes Gefühl. Ich krieg' dann immer Durchfall und auch sonst bin ich ganz schlecht drauf."	
„Ich habe das schon so oft gehört: *Mach' deine Aufgaben, sobald du nach Hause kommst.* Aber ich krieg' das einfach nicht gebacken. Ich weiß auch nicht, was ich machen soll."	
„Meine Perspektive mit zwei Fünfen ist doch wohl gleich null. Wie wollen Sie mir denn da helfen. Das hab' ich doch ganz allein verbockt und das muss ich wohl auch ganz allein wieder ausbaden."	
„Ich hab' da ein Problem. Irgendwie versteht mich meine Freundin nicht. Ich weiß auch nicht, was da läuft. Das ist doch so lange gut gegangen. Warum jetzt nicht mehr. Ich blick' da nicht durch."	
„Philipp hat mich wieder mit Kreide beworfen. Und Anja und Claudia werfen auch immer irgendwelches Zeug durch die Gegend, das ich dann abkrieg'. Da hab' ich zurückgeschlagen. Ich weiß auch nicht, wie das passiert ist."	

„Wenn man so viel erlebt hat wie ich, kann man den Mut schon verlieren. Ich möchte mich ja ändern. Aber wie soll ich das denn machen. Ich stell' mir immer vor, was dabei rauskommt. Ich weiß nicht ..."	
„Mirko hat mir gestern gedroht, er wird mich heute verprügeln. Dem werde ich's schon zeigen. Das kann der mit mir nicht machen."	
„Ich habe einfach keine Lust, Hausaufgaben zu machen. Das bringt mir eh nichts. Das ist doch bloß die ständige Wiederholung des Stoffs aus der Stunde."	
„Ich verstehe Mathematik einfach nicht. Das war schon in der 8 so."	
„Meine Eltern wollen sich bald scheiden lassen. Das geht mir ganz schön auf die Nerven. Im Moment wohne ich bei meiner Mutter, abends bin ich aber meist bei meinem Vater."	

3.6. Arbeitsanregungen und Interaktionsspiele

Konflikte in der Schule

Worin liegen nach Ihrer Meinung für den Lehrer besondere Probleme beim Wahrnehmen von Konflikten?	
Machen Sie (A) mit einem Partner (B) folgende Übung: Setzen Sie sich einander gegenüber. A verändert in Abständen von 10 bis 15 Sekunden seine Körperhaltung. B spiegelt. Dauer: 5 Minuten. Wechseln Sie danach die Rollen. – Formulieren Sie Ihre Beobachtungen und besprechen Sie diese.	
Machen Sie (A) mit einem Partner (B) folgende Übung: A und B stehen einander in geringem Abstand gegenüber. A stellt pantomimisch Alltagshandlungen dar. B spiegelt. Dauer: 8 Minuten. Danach Rollenwechsel. – Formulieren Sie Ihre Beobachtungen und besprechen Sie diese.	
„Jeder Lehrer sollte sich über Konflikte mit Schülern freuen." Inwieweit stimmen Sie dieser These zu?	

„Lehrer mit einer hohen sozial-kommunikativen Kompetenz haben es meist schwer, in Konfliktsituationen angemessen zu reagieren.“ Was meinen Sie dazu?	
Inwieweit ist das Ignorieren eines Konfliktes geeignet, den Konflikt zum Verschwinden zu bringen?	
In welchen Phasen eines Konfliktlösungsprozesses können operantes Konditionieren und Modelllernen eine Rolle spielen?	
Sie erscheinen fünf Minuten zu spät zum Unterricht. Zwei Ihrer Schüler prügeln sich am Boden. Was hat die Situation für Sie mit einem Konflikt zu tun?	
Nehmen Sie an, die Hälfte der Schüler einer Klasse macht keine Hausaufgaben. Analysieren Sie: Inwieweit handelt es sich hier für wen um einen Konflikt? Welche Schlüsse ziehen Sie aus Ihrer Analyse?	

Beschreiben und beurteilen Sie das Menschenbild, das der 6-Schritte-Methode zur Lösung von Konflikten zugrunde liegt.	
Wo sehen Sie Grenzen der 6-Schritte-Methode in der Institution Schule? Worin sehen Sie den Nutzen des Verfahrens?	
„Bei der 6-Schritte-Methode werden die Schüler viel zu ernst genommen." Nehmen Sie Stellung zu der Aussage.	
„Kinder und Jugendliche müssen lernen, Bedürfnisse auch einmal zurückzustellen." Was meinen Sie zu der Aussage? In welchem Verhältnis steht die Aussage zum Anspruch der 6-Schritte-Methode?	
Welche Situationen können Sie sich vorstellen, in denen Sie einen Konflikt unter Schülern beilegen müssen? Wie gehen Sie dabei vor?	

Bestimmen Sie an einem konkreten Beispiel das Verhältnis von „Unterrichtsstörung“ und „Konflikt“. Inwieweit verändert sich Ihr Verhalten als Lehrer in Abhängigkeit davon, ob Sie ein Phänomen als Unterrichtsstörung oder als Konflikt erleben?	
Nehmen Sie an, Sie lassen einen Schüler trotz dessen früher Meldung erst am Ende einer Gesprächsphase zu Wort kommen. Inwieweit haben Sie einen Konflikt erzeugt?	
Welchen Sinn kann es haben, Konflikte mit Schülern nicht im Unterricht zu behandeln? Wie würden Sie außerhalb des Unterrichts vorgehen, um die Konflikte zu bearbeiten?	
Was halten Sie davon, mit Schülern ein Konflikt-Training durchzuführen? Dabei wird in Rollenspielen angemessenes Konfliktverhalten eingeübt (assertives Training).	
Informieren Sie sich über die Trainingsraum-Methode (s. z. B. Balke 2003). Was halten Sie von diesem Konzept? Inwieweit würden Sie es nutzen? Warum?	

Welche Gefühle haben Ihrer Meinung nach Menschen am häufigsten, wenn sie in einem Konflikt sind? Was bedeutet Ihre Antwort für die Möglichkeit und die Art, Konflikte in der Schule zu bereinigen?	
„Meinungsverschiedenheiten sind zwar keine Konflikte, sie sind aber oft Stellvertreterkriege und zeigen verborgene Konflikte an.“ Was meinen Sie zu dieser These? Hätte es Auswirkungen auf Ihr Verhalten als Lehrer, wenn die These zuträfe?	
„Kooperatives Lernen vermittelt den Schülern ganz nebenbei die Fähigkeit, mit Konflikten konstruktiv umzugehen.“ Wie sehen Sie das?	
Nehmen Sie an, Sie sollen an Ihrer Schule ein Konzept zur Mediation entwickeln. Was würden Sie besonders beachten?	

Lehrer sollen im Schulsystem zugleich fördern und selektieren. Beschreiben Sie die Struktur und die Folgen dieses inneren Konflikts. Wie gehen Sie mit diesem Konflikt um? Was raten Sie Kolleginnen und Kollegen im Blick auf diesen Konflikt?	
Führen Sie dieses **Interaktionsspiel** durch: *5 Personen bilden ein Team. Das Team soll den Fluss Oligo überqueren. Sie bekommen dazu 5 Steine, auf die Sie treten dürfen (= 5 DIN-A-4-Blätter). Während der Flussüberquerung muss jeder von Ihnen mindestens ein anderes Teammitglied an der Hand halten und jedes Teammitglied muss immer auf einem oder auf zwei Steinen stehen. Die Steine müssen Sie mitnehmen.* Auswertung: *Gewonnen hat das schnellste Team.*	Fragen und Aspekte, die Sie miteinander besprechen können: Was war schwierig bei der Umsetzung des Spiels? Welche Alltagserfahrungen spricht das Spiel an? Übertragen Sie Ihre praktischen Schwierigkeiten auf die Alltagssituationen.

	Welches Verhalten hilft, bei dem Spiel erfolgreich zu sein? Was bedeutet dies für die Alltagserfahrungen? Inwieweit kann es in der Spielsituation zu echten Konflikten kommen? Wie müssen diese gelöst werden?

	Ziehen Sie aus den Überlegungen Schlüsse für die Art, wie Sie Konflikte mit Schülern lösen wollen. Nehmen Sie an, Sie lassen Schüler das Spiel spielen. Welche Parallelen vermuten Sie zwischen dem Schülerverhalten und Ihrem eigenen. Formulieren Sie die für Sie selbst wichtigsten Einsichten aus dem Spiel in drei Thesen.
Führen Sie dieses **Interaktionsspiel** durch: *5 Personen bilden ein Team. Das Team soll ein Papierflugzeug basteln, das möglichst weit fliegt. Dieses Material steht zur Verfügung:* *4 DIN-A4-Blätter Papier* *1 Lineal (30 cm lang)* *1 Schere* *1 Tube Klebstoff* Auswertung: *Gewonnen hat das Team, dessen Flieger die größte Strecke zurücklegt.*	Fragen und Aspekte, die Sie miteinander besprechen können: Welche Probleme sind bei der Interaktion in der Gruppe entstanden?

	Wie sind Sie mit diesen Problemen umgegangen? Wie kooperativ haben Sie sich in der Gruppe verhalten? Wie intensiv haben Sie aktiv und reflektierend zugehört? Wie erklären Sie sich Ihr Verhalten im Blick auf aktives und reflektierendes Zuhören?

	Was sagt Ihnen Ihr Verhalten während des Spiels über die Art, wie Menschen Teamaufgaben bewältigen? Welche Konflikte sind während des Spiels aufgetreten? Wodurch ist zu erklären, dass diese Konflikte entstanden sind? Welche Art der Konfliktlösung haben Sie angewendet?

	Wie beurteilen Sie diese Konfliktlösungsstrategie?
	Welche Schlüsse ziehen Sie aus Ihren Erfahrungen mit dem Spiel für Unterrichtssituationen, in denen Konflikte auftreten?
	Nehmen Sie an, Sie lassen Schüler das Spiel spielen. Welche Parallelen vermuten Sie zwischen dem Schülerverhalten und Ihrem eigenen.
	Ihre wichtigste Einsicht, die Sie aus diesem Spiel gewonnen haben:

4.

Stress und Stress-bewältigung

**„Stress bedroht die Gesundheit,
das Wohlbefinden, man scheut und fürchtet
ihn als Überanstrengung, als Überbelastung."**

(Frederic Vester)

4.1. Belastungen und Stress

4.1.1. Die Alltagssituation

Übung

Beginnen Sie die Bearbeitung dieses Kapitels mit der Einschätzung Ihrer Belastungen und der eigenen Stresssituation.

1. Denken Sie an Ihren Alltag in den letzten 14 Tagen zurück (Schule, unterrichtsfreie Zeit, Wochenende). Benennen Sie für die jeweiligen Tage Situationen, die Sie als belastend empfunden haben.

2. Wie intensiv waren die einzelnen Belastungen für Sie? Bewerten Sie die jeweils genannten Belastungen mit „1“ (= sehr geringe Belastung) bis „5“ (= sehr starke Belastung).

Belastung Nr.	Grad der Belastung „1“ bis „5“

3. Beschreiben Sie, worin genau die Belastungen der einzelnen Situationen für Sie bestanden / bestehen .

Belastung Nr.	Art der Belastung

4. Ordnen Sie die Belastungen den Bereichen Unterricht (U) / Arbeitsstätte Schule / Seminar (S) / Lebensereignis (L) zu. Wie verteilen sich die Situationen auf diese Bereiche? Wie haben sich die Belastungen der verschiedenen Lebensbereiche aufeinander ausgewirkt?

Belastung Nr.	Zuordnung zu den Bereichen U, S oder L

5. Was haben Sie getan, um den belastenden Situationen zu begegnen?

Belastung Nr.	Mein Verhalten

4.1.2. Quellen für Stress

Lehrer müssen sich in ihrem Beruf auf **viele unterschiedliche Aufgaben** einstellen. Außer der Vor- und Nachbereitung sowie der Durchführung von Unterricht gehören dazu die Korrektur von Schülerarbeiten, Gespräche mit Schülern und mit deren Eltern über Erziehungsmaßnahmen, Leistungsbewertungen und das Erstellen von Leistungsprognosen, die Durchführung von Klassen-/Kursfahrten, das Führen von Klassenbüchern, Kursheften und Personalbögen. Die Arbeit an der Schule ist bestimmt durch zahlreiche Konferenzen, die sich auf verschiedene Belange der Schule und der Schüler beziehen. Viele dieser Prozesse erfordern zudem Gespräche mit Kollegen, mit der Schulleitung oder auch der Schulaufsicht. Referendare sind außerdem durch Seminarveranstaltungen und Unterrichtsbesuche beansprucht; sie müssen sich mit ihren Ausbildern in Schule und Seminar absprechen, sie müssen Unterrichtsentwürfe und Hausarbeiten schreiben und sich zu gegebener Zeit auf Prüfungen vorbereiten. Hinsichtlich der Bewältigung dieser Aufgaben sind gestandene Lehrer wie auch Lehramtsanwärter oft Einzelkämpfer.

Lehrer haben es heute auf Grund der **gesellschaftlichen Bedingungen** und der **Sozialisationserfahrungen der Kinder und Jugendlichen** mit mehr problematischen Schülern zu tun als in früheren Zeiten; der Unterricht ist sehr störanfällig, konzentriertes Unterrichten ist durchgehend erschwert. Zentrale Prüfungen, Kernlehrpläne und Standardisierungen schaffen zusätzliche Arbeit. Das pädagogische Engagement erlaubt kein Verschnaufen; sonst können Erziehungs- und Bildungsarbeit an der Schule kaum verwirklicht werden (vgl. Baacke 2003; 2004).

Lehrer müssen Jahr für Jahr unter großem Aufwand viel bieten, erhalten dafür aber kaum etwas zurück. Von Fall zu Fall ist lediglich das direkte Feedback einer Lerngruppe oder einzelner Schüler oder indirekt die Teilhabe am Erfolg einer Lerngruppe eine gewisse Anerkennung für die geleistete Arbeit. Die Komponente der Selbstwirksamkeit wird in der Regel allmählich aufgebaut, kann aber nicht in geeigneter Weise optimiert werden. Alle diese Faktoren führen in wenigen Jahren bereits zu Stress, der sich meist zunächst physiologisch bemerkbar macht, z. B. durch Verspannungen und Schmerzen der Muskulatur oder eine gehäufte Anfälligkeit für Erkäl-

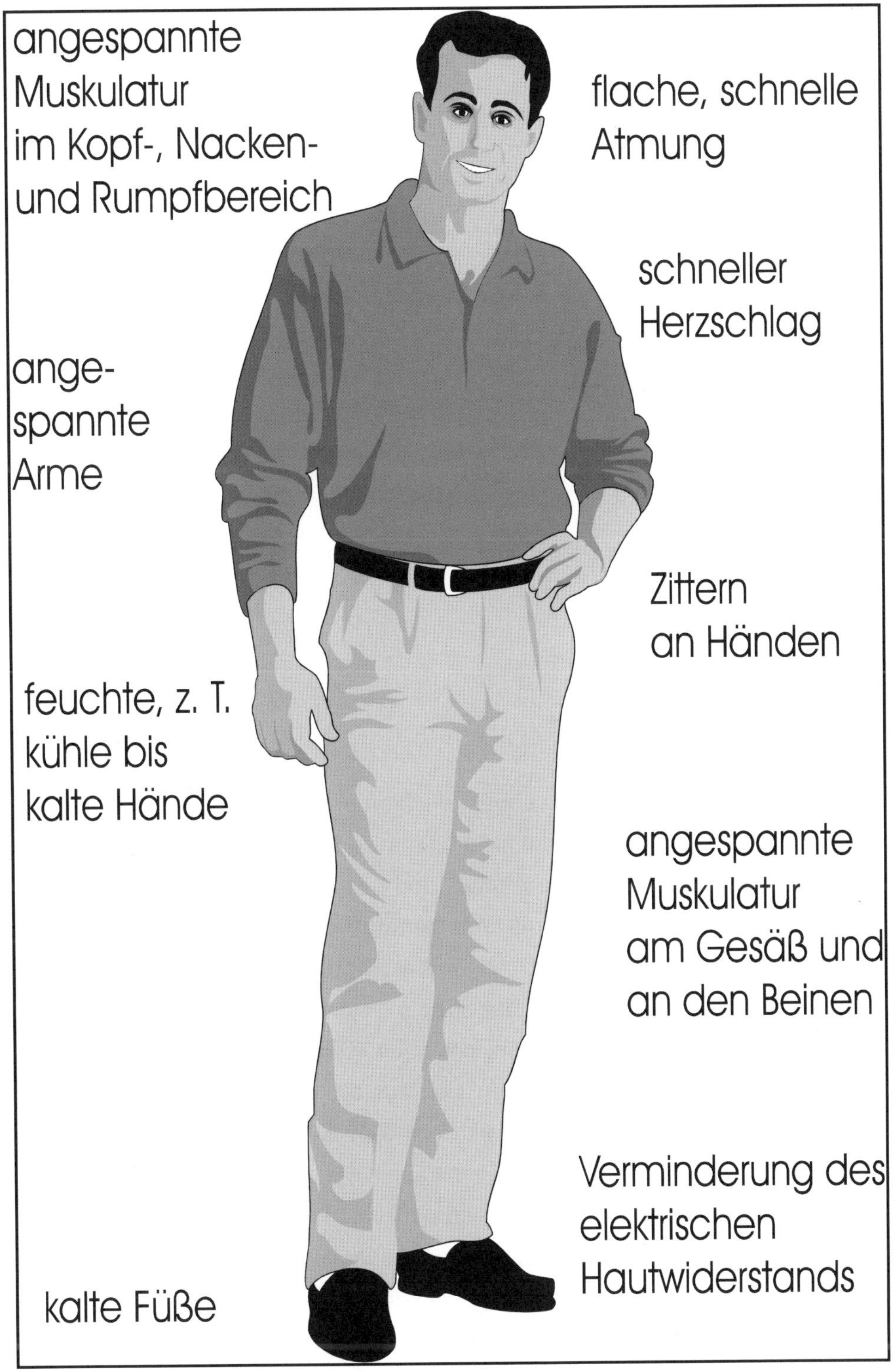

Abbildung 1: Physiologische Wirkungen von Stress

tungskrankheiten, sich aber auch in emotionaler Erschöpfung, Verminderung der persönlichen Leistungsfähigkeit und Depersonalisierung zeigt (s. a. Abbildung 1).

Hinzu kommen kann Stress aus dem **privaten Lebensbereich**. Die individuellen Lebensereignisse eines Lehrers können den bis dahin geradlinig verlaufenen Lebensweg stark beeinträchtigen oder sogar unterbrechen. Partnerschaftsprobleme, erziehungsschwierige Kinder, eine plötzlich auftretende Krankheit, ein Unfall oder Veränderungen in der Familiensituation wirken belastend. Solche stressbedingenden Ereignisse entziehen sich oft den Einflussmöglichkeiten einer Person und kommen meistens zum „falschen Zeitpunkt".

4.1.3. Lebensbereiche und Situationen

Die Lebensgestaltung eines Menschen wird allgemein in folgenden **Lebensbereichen** bestimmt:

- Lebensereignisse
- Umwelt / Arbeitsplatz
- interpersonale Beziehungen

Lebensereignisse verändern die Lebenssituation eines Menschen. Man unterscheidet dabei zwischen normativen und nicht-normativen Lebensereignissen. Die normativen Lebensereignisse sind entwicklungs- und gesellschaftsbedingt (z. B. Schulabschluss, Berufsqualifizierung, Heirat, Beförderung), die nicht-normativen sind durch zufällige Umstände bedingt (z. B. Unfall, Krankheit). **Umwelt** kann sozialer und physischer Natur sein. Erstere umfasst das soziale Netzwerk mit allen Einrichtungen der Gesellschaft. Die Struktur sozialer Einrichtungen (Organisationen, Arbeitsplatz) und die Qualität sozialer Netzwerke wirken sich auf die Lebensgestaltung eines Menschen aus. Bei der physischen Umwelt lässt sich zwischen einer vom Menschen produzierten Umwelt (Struktur eines Lebensraums wie z. B. Wohnlandschaft, Lärm u. a.) und der natürlichen Umwelt (z. B. Klima, Klimakatastrophen) unterscheiden. Der Aspekt **interpersonale Beziehungen** meint die Qualität von Beziehungen in Gruppen, denen man angehört: Unterschieden werden Primärgruppen (z. B. Familie, Lebensgemeinschaften) von Sekundärgruppen (Schulklasse, Kollegium an der Schule, Sportverein usw.).

Alle diese Bereiche beeinflussen sich gegenseitig. Mehrere günstige oder ungünstige Bedingungen können sich wechselseitig verstärken; Belastungen in dem einen Bereich können sich aber auch durch günstige Bedingungen in einem anderen Bereich ausgleichen. Die konkreten Ereignisse und Bedingungen dieser Lebensbereiche werden als Situationen oder auch als Reize bezeichnet.

⇨ ***Bevor Sie weiterlesen:***

- In welchen Lebensbereichen fühlen Sie sich besonders belastet?
- Woran merken Sie, dass Sie belastet sind?
- Welche Auswirkungen hat(te) diese Belastung, die Sie bei sich festgestellt haben, auf Körper, Erleben, Leistung und Sozialverhalten?

4.1.4. Was ist Stress? – Eine allgemeine Beschreibung

Der **Begriff „Stress“** wurde von dem Zoologen Hans Selye 1936 (1990) aus der Physik entlehnt. Im Englischen bedeutet dieser Begriff „Zug oder Druck auf ein Material“ (stress <engl.> – Druck, Anspannung; stringere <lat.> – anspannen). Mit diesem Begriff kennzeichnete man in der Verhaltenspsychologie Reaktionen bei Tieren und Menschen auf jegliche Anforderungen. Ursprünglich wurde der Begriff auf das Verhalten von Flucht oder Angriff bezogen, das im Tierreich als Notfallreaktion das Überleben sichert. Diese alternative Handlungsbereitschaft wird durch eine vegetative Reaktionskette ausgelöst, die durch körpereigene Hormone geregelt wird und die die Aktivierung der Muskulatur, des Kreislaufs und der zentralnervösen Aufmerksamkeit zur Folge hat (vgl. Vester 2003).

Die physiologischen Bedingungen von Stress werden beim Tier durch die Aktivitäten Flucht, Angriff oder durch Übersprungshandlungen zurückgefahren. Auch der Mensch ist auf diese Notfallreaktionen physiologisch ausgerichtet, kann diese aber in konkreten Situation im Alltagshandeln nicht ausleben. Entsprechende Situationen bedeuten daher Stress für einen Menschen. Dieser Stress muss „abgearbeitet" werden. Sonst befindet sich ein Mensch ständig in einem erhöhten Erregungszustand, der sich schädigend auf seinen Körper auswirkt. Durch die in der zivilisierten Gesellschaft bestehende **Flucht- und Aggressions-Bremse** kann Stress zu chronischen Erkrankungen sowohl der Seele als auch des Körpers führen.

⇨ ***Bevor Sie weiterlesen:***

- Manche Einstellungen zur Schule und zum Referendariat bzw. zu bestimmten Ausbildern erzeugen Stress. Nennen Sie einige Beispiele für solche Einstellungen. Begründen Sie Ihre Aussagen.

- „Stress verändert die Wahrnehmung.“ Erläutern Sie diese Aussage mit Hilfe von Beispielen aus Ihrem Schul- oder Ausbildungsalltag.

- Angst ist eine Art Stress. Erläutern Sie die folgende Aussage: „Wer Angst vor dem Unterrichten verdrängt, den holt die Angst umso schneller ein.“

In einem ersten Schritt können solche **Methoden der kurzfristigen Belastungserleichterung** einen Erregungszustand mildern, die auf der Körperebene intervenieren. Dies ist grundsätzlich möglich wegen der Vernetzung von körperlichen und mentalen Reaktionen des Organismus. Atemübungen und Übungen zur Muskelentspannung greifen in die unwillkürlichen Körperreaktionen ein. Bei jeder Belastung wird die Atmung schneller und flacher; der Stress wird vermindert, wenn man die Atmung vertieft und verlangsamt. Bei mentaler Anspannung verkrampft auch die Muskulatur; Muskelentspannung sorgt daher auch für eine psychische Entspannung. Auch über das Autogene Training wird ein entspannter Zustand des Körpers mit positiver Rückwirkung auf den geistigen Zustand erreicht (vgl. Geisselhart / Hofmann 2006).

Im Folgenden werden drei **Entspannungsübungen** vorgestellt, die die physiologischen / vegetativen Bedingungen verbessern. Zweckmäßig ist es, wenn man die gewählte Übung für einige Wochen täglich durchführt. Bei der Durchführung der Übungen sollte man sich wohlfühlen. Eine Übung, die missfällt oder bei der Unbehagen aufkommt, sollte man nicht länger nutzen. Nach dem dritten Übungsbeispiel ist eine Reihe von Fragen angeführt, mit deren Hilfe Sie Ihre Erfahrungen mit den Übungen beschreiben und bewerten können.

⇨ *Übung: Atmung kontrollieren*

❑ Übungshaltung einnehmen Nehmen Sie eine bequeme Haltung im Sitzen oder im Liegen ein; vermeiden Sie jede unnötige Muskelanspannung. Schließen Sie die Augen. Atmen Sie ohne Anstrengung ganz normal ein und aus.
❑ In den Bauchraum einatmen Beobachten Sie Ihre Atmung. Wenn Sie einatmen, sollte sich Ihr Zwerchfell heben. Haben Sie den Eindruck, dass sich beim Einatmen Ihr Brustkorb hebt, verändern Sie dies. Stellen Sie sich vor, Sie drücken beim Einatmen die Luft direkt in den Bauchraum. Sie werden bemerken, dass sich auf diese Weise die Zwerchfellatmung einstellt. Atmen Sie völlig normal – ohne jede Anstrengung.
❑ Atmung verlangsamen Jetzt kommen Sie zur eigentlichen Übung: Atmen Sie bewusst und intensiv ein, etwa fünf bis sieben Sekunden lang, halten Sie dann die Luft für ungefähr drei bis fünf Sekunden an und atmen Sie anschließend langsam – mindestens zehn, möglichst zwölf bis fünfzehn Sekunden lang – aus. Wiederholen Sie den gesamten Vorgang drei- bis fünfmal.
❑ Zurücknehmen Nehmen Sie die Übung zurück: Dazu beugen und strecken Sie die Arme ein-, zweimal kräftig, atmen (kurz) tief ein und öffnen die Augen.

Profitipp:

Sollten Sie Schwierigkeiten haben, den Vorgang des Ausatmens entsprechend zu verlängern, benutzen Sie als Hilfe die **Lippenbremse**: Atmen Sie dazu nicht durch die Nase, sondern durch den Mund aus; lassen Sie dabei die Luft langsam mit einem leisen Zischen durch die fast geschlossenen Lippen strömen.

⇨ *Übung: Progressive Muskelentspannung (einfache Form)*

❑ 1. Schritt: Ausgangsposition einnehmen

Diese Übung in verkürzter Form ist geeignet in dem Fall, dass Sie nur wenig Zeit haben. Legen Sie sich auf den Rücken; spreizen Sie die Beine leicht, legen Sie die Arme neben den Körper, etwas angewinkelt, und schließen Sie die Augen. Atmen Sie ohne Anstrengung ganz ruhig ein und aus.

❑ 2. Schritt: Muskeln anspannen

Spannen Sie nun *nacheinander* ohne zeitliche Unterbrechung folgende Muskeln an:

- Drücken Sie die Zehen in Richtung Boden.
- Spannen Sie dann die Beinmuskeln an; sorgen Sie dafür, dass die Beine gestreckt sind.
- Spannen Sie zusätzlich das Gesäß an, heben Sie es leicht von der Unterlage ab.
- Spannen Sie die Bauchmuskeln an.
- Ballen Sie die Hände zu Fäusten, spannen Sie die Armmuskeln an.
- Beißen Sie die Zähne zusammen und kneifen Sie die Augen zu.
- Halten Sie die Spannung etwa 15 bis 20 Sekunden lang, und entspannen Sie dann. Wiederholen Sie diesen Vorgang ungefähr drei- bis fünfmal.

❑ 3. Schritt: Zurücknehmen

Nehmen Sie die Übung zurück. Beugen und strecken Sie dazu die Arme ein-, zweimal kräftig, atmen Sie tief ein, und öffnen Sie dann die Augen. Warten Sie mit dem Aufstehen, bis Sie sich reorganisiert haben.

⇨ *Übung: Autogenes Training (einfache Form)*

❑ 1.Schritt: Übungshaltung einnehmen

Legen Sie sich bequem auf den Boden oder auf eine Couch oder ein Bett; unterstützen Sie den Kopf mit einem Kissen. Spreizen Sie die Beine leicht, die Arme liegen angewinkelt neben dem Oberkörper; schließen Sie dann Ihre Augen. Atmen Sie ruhig ein und aus.

❑ 2. Schritt: Text vorsprechen

Sprechen Sie sich im Geiste den folgenden Text vor. Sprechen Sie dabei langsam und möglichst monoton. Wenn Ihre Gedanken abwandern, lenken Sie sie wieder auf den Text zurück.

Ich bin vollkommen ruhig,
ruhig, gelöst und entspannt. (5mal wiederholen)
Mein rechter Arm ist schwer. (5mal wiederholen)
Ich bin vollkommen ruhig,
ruhig, gelöst und entspannt. (5mal wiederholen)
Mein linker Arm ist schwer. (5mal wiederholen)
Ich bin vollkommen ruhig,
ruhig, gelöst und entspannt. (5mal wiederholen)
Die Arme sind schwer. (5mal wiederholen)
Ich bin vollkommen ruhig,
ruhig, gelöst und entspannt. (5mal wiederholen)
Mein rechter Arm ist warm. (5mal wiederholen)
Ich bin vollkommen ruhig,
ruhig, gelöst und entspannt. (5mal wiederholen)
Mein linker Arm ist warm. (5mal wiederholen)
Ich bin vollkommen ruhig,
ruhig, gelöst und entspannt. (5mal wiederholen)
Die Arme sind warm. (5mal wiederholen)
Ich bin vollkommen ruhig,
ruhig, gelöst und entspannt. (5mal wiederholen)
Die Arme sind schwer und warm. (5mal wiederholen)
Ich bin vollkommen ruhig,
ruhig, gelöst und entspannt. (5mal wiederholen)

❑ 3. Schritt: Zurücknehmen

Nehmen Sie die Übung zurück. Dazu beugen und strecken Sie die Arme ein-, zweimal kräftig, atmen Sie tief ein und öffnen Sie danach wieder die Augen. Schauen Sie auf Ihre Uhr. Warten Sie mit dem Aufstehen, bis Sie sich reorganisiert haben.

⇨ *Fragen zur Auswertung der drei Übungen*

Wo in meinem Körper habe ich vor der Übung Anspannung gespürt?	
Wie genau habe ich diese Anspannung gespürt?	
Was habe ich während der Übung erlebt?	
Welche körperlichen Empfindungen sind aufgetreten?	
Wie erkläre ich mir diese Effekte? Wie fühle ich mich jetzt im Vergleich zum Zustand vor der Übung?	
Was bringt mir die Übung im Alltag?	

Wo und wann kann ich die Übungen in meinem Alltag tatsächlich nutzen?	
Welche Beobachtungen im Zusammenhang mit den Übungen sind mir noch wichtig?	

4.2. Das Stressmodell von Richard S. Lazarus

4.2.1. Die Bedeutung der subjektiven Bewertung

Die Bedingungen in den verschiedenen Lebensbereichen verändern sich und bringen dadurch den von einer Person erreichten Gleichgewichtszustand in ein Ungleichgewicht. **Als Indikator gilt das Wohlbefinden eines Menschen.** Das Wohlbefinden ist beeinträchtigt oder bereits verloren gegangen, wenn eine neue Situation als Missverhältnis erlebt wird. In dieser Situation wird der Mensch aktiv; denn er möchte (ähnlich wie bei einem Konflikt) den Gleichgewichtszustand, d. h. sein persönliches Wohlbefinden, wiederherstellen. Im Zustand eines inneren Gleichgewichts besteht eine weitgehende Übereinstimmung zwischen den Zielen und Bedürfnissen eines Menschen und den Anforderungen aus den Lebensbereichen. Der Mensch strebt also einen Ausgleich von Unterschieden an, der zu einer „Homogenität“ zwischen dem Individuum und seinem Lebensbereich führt. Unter diesem systemischen Gesichtspunkt kann von einer Ausrichtung nach Soll-Werten gesprochen werden. Daher drängt sich das Bild eines Regelkreises als Beschreibungsmodell auf. **Der Soll-Wert resultiert als Ergebnis verschiedener Sollwert-Kategorien**, die physiologischer, sozialer, emotionaler und rationaler Herkunft sind (siehe Abschnitt 4.3.2.).

Die Empfindungen bei einem Zustand des inneren Ungleichgewichts werden als Stress bezeichnet, wenn die betroffene Person mit ihren Fähigkeiten und Ressourcen bis zu ihrer Grenze oder darüber hinaus gefordert ist, um ihr „Wohlbefinden“

wiederzuerlangen. Bei der Bestimmung des Begriffs Stress ist bei dieser Sichtweise zu unterscheiden zwischen den:

- Situationen / Reizen, die den Stress auslösen (Stressoren, Stressstimuli)
- Reaktionen einer Person bzw. den sich bei einer Person einstellenden Folgen darauf (Stressfolgen, stressbedingte Reaktionen)

⇨ ***Bevor Sie weiterlesen:***

- Denken Sie an eine Situation aus Ihrem Unterrichts- oder Ausbildungsalltag, die Sie als stressig empfunden haben.
- Beschreiben und erläutern Sie den Zustand des inneren Ungleichgewichts, der durch den Stress bei Ihnen eingetreten ist.
- Beschreiben Sie in Bezug auf die gewählte Stresssituation die Stressoren und die Stressfolgen.

Nach dem Stressmodell von Richard S. Lazarus (1999) wird eine Stresssituation als ein komplexer **Prozess von Wechselwirkungen zwischen den Anforderungen einer Situation bzw. eines Reizes und der handelnden Person** betrachtet. Hierbei ist nicht die Beschaffenheit eines Reizes oder einer Situation von Bedeutung, sondern die individuelle **kognitive Verarbeitung von Reiz bzw. Situation durch die betroffene Person**. Für einen bestimmten Stressor können Menschen in ganz unterschiedlicher Weise anfällig sein: **Was für die eine Person Stress bedeutet, ist für eine andere noch lange kein Stress.** Situationen und deren Belastung werden von einzelnen Menschen unterschiedlich bewertet; damit wird auch die Bedrohlichkeit der Situationen jeweils anders empfunden. **Stress ist also etwas, was durch die subjektive Bewertung einer Person zustande kommt.** Nach Lazarus spielen dabei unterschiedliche Bewertungsprozesse eine Rolle.

Die Interpretation einer Situation vollzieht sich auf drei Ebenen, nämlich der gedanklichen, der körperlichen und der gefühlsmäßigen Ebene. Die gedankliche Ebene ist darüber hinaus in der Regel mindestens zweigeteilt: Die Gedanken, die man sich zu einer Situation macht, existieren gewöhnlich nicht nur auditiv als innerer Monolog oder Dialog, sondern sind meistens gleichzeitig gekoppelt an visuelle Erfahrungen, also an Bilder und Bildfolgen bzw. „Filmsequenzen". Manchmal sind die Gedanken auch mit Gerüchen oder sogar mit Geschmackswahrnehmungen verbunden.

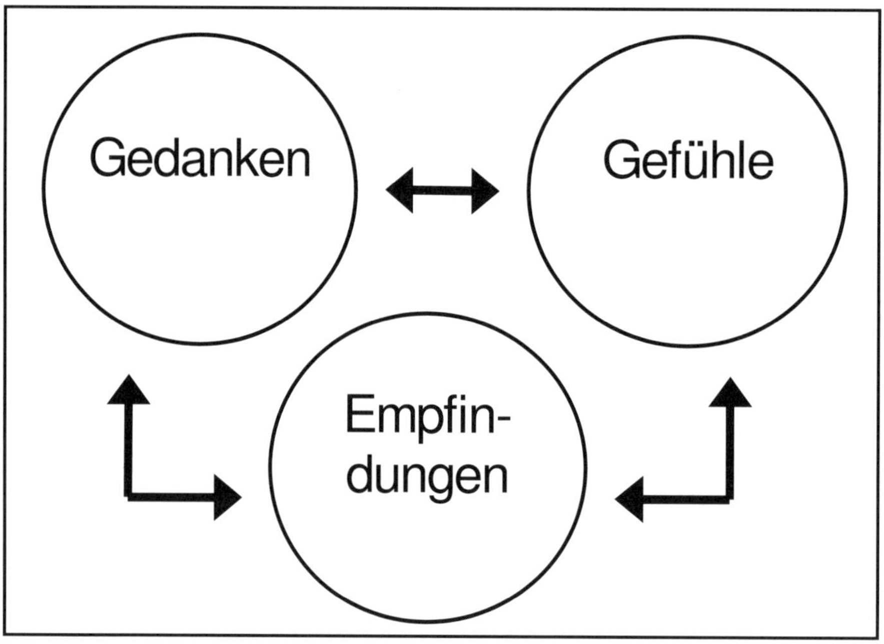

Abbildung 2: Interpretationsebenen

Die drei Interpretationsebenen sind eng miteinander vernetzt (s. Abbildung 2). Dazu ein Beispiel: Hat eine Person den Gedanken *„Mein Gott, wie peinlich!“*, so wird sie diesen Gedanken auch innerlich hören: Den Gedanken wird dieser Mensch in einer Situation haben, die ihn sehr betroffen gemacht hat. Entsprechend werden sich negativ konnotierte innere Bilder oder Filme einstellen. Auf diesem Hintergrund ergibt sich auch eine körperliche Reaktion, die – mehr oder weniger stark – Schweißbildung, erhöhte Pulsfrequenz, kalte Hände usw. auslöst. Diese physiologische Reaktion bestätigt sozusagen die negativen Gedanken. In diesem Zustand treten gleichzeitig Gefühle der Peinlichkeit und Verwirrtheit oder gegebenenfalls auch Angst auf. Die entstandene emotionale Lage verstärkt dann das Gefühl und den Gedanken der Peinlichkeit. Es entwickelt sich in Folge eine Spirale „nach unten“: Das negative Gesamtempfinden der Person wird intensiviert; sie selbst erlebt sich dabei als Opfer einer nicht kontrollierbaren Macht und wird (im schlimmsten Fall) handlungsunfähig.

4.2.2. Die drei Interpretationsebenen

➢ ***Die gedankliche (kognitive) Ebene der Interpretation***

Manche Gedanken sind durchaus sinnvoll, die sich Menschen in einer Belastungssituation machen. Diese sinnvollen Gedanken helfen der Person, vorsichtig zu bleiben und weiteren Gefahren auszuweichen. Andere Gedanken zu bestimmten Situationen sind hingegen unangemessen und unvorteilhaft. Solche Gedanken haben einen eher irrationalen Charakter und blockieren den Versuch einer genauen Einschätzung der Situation; sie helfen daher über die aktuelle Bedrohung nicht hinweg. Im Gegenteil: **Irrationale Gedanken** führen in der Regel zu einer Verschlimmerung der Bedrohungserfahrung und zu Stressreaktionen. Ein wichtiger Schritt ist es, sich von den Gedanken zu befreien, die Stress aufbauen und aufrechterhalten. Um dies zu erreichen, muss man herausfinden, welche Gedanken man sich in einer Belastungssituation tatsächlich macht und wie diese Gedanken zu beurteilen sind.

Man kann irrationale Gedanken durch alternative Gedanken ersetzen, hat man erst herausgefunden, welche der vorhandenen Gedanken irrational sind. Aufgrund der Vernetzung der drei Interpretationsebenen führen alternative Gedanken über eine Situation zu positiven Veränderungen auch auf der körperlichen und emotionalen Interpretationsebene.

⇨ ***Bevor Sie weiterlesen:***

- Nehmen Sie diese Situation an: Sie unterrichten in einer achten Klasse. Einige Schüler unterhalten sich; insgesamt wird es im Raum immer lauter.
- Formulieren Sie Ihre (möglichen) Gedanken in dieser Situation.
- Welche Ihrer Gedanken führen vermutlich zu welchen Gefühlen?
- Wie werden Sie handeln?

➢ ***Die Gefühlesebene (emotionale Ebene) der Interpretation***

Gefühlsmäßige Reaktionen wie z. B. Ärger, Wut oder Angst sind beurteilende Meta-Repräsentationen, die als Folge körperlicher Empfindungen anzusehen sind. Die unvorteilhaften Gedanken, die in belastenden Situationen entstehen, führen zu entsprechenden Gefühlen. Diese Gefühle wiederum haben Rückwirkungen auf die Gedanken und körperlichen Reaktionen. Im Fall einer Stresssituation erlebt das Individuum diese Vernetzung von Gedanken, Gefühlen und physiologischen Reaktionen stets als negativ.

Beispiel: **Einschätzung einer Situation**

Kognitive Ebene	Emotionale Ebene
Bedrohung ——→	Angst
Schaden / Verlust ——→	Ärger (Sache) / Trauer (Person)
Herausforderung ——→	Freude

Je nach Ergebnis der Einschätzung fällt die Reaktion aus. Das negative Gefühl der Angst kann durch folgende Merkmale zum Ausdruck kommen:

- Angst kann sich subjektiv-verbal äußern (z. B. „Ich habe Angst, dass ...).
- Angst kann sich im Verhalten zeigen (z. B. durch Rückzug aus einer Situation, aber auch durch Aggression).
- Angst kann durch körperliche Erregungszustände (z. B. Zittern, Schweiß) spürbar werden.

⇨ ***Bevor Sie weiterlesen:***

- Die Situation: Sie unterrichten gern in Ihrer Klasse 5b.
- Beschreiben Sie, wie Ihre positiven Gefühle Ihre Gedanken über die 5b beeinflussen.
- Wie werden Sie sich angesichts der Vernetzung der Interpretationsebenen körperlich fühlen?
- Wie werden Sie in der 5b sowohl in unbelasteten als auch in schwierigen Situationen handeln?

➢ ***Die körperliche (physiologische) Ebene der Interpretation [Empfindungen]***

Körperliche Reaktionen können als Berührungserfahrungen, aber auch als sensorische Rückmeldungen des Organismus, insbesondere der Muskulatur, oder als andere interne Empfindungen auftreten. Die körperliche Ebene der Interpretation steht mit der gedanklichen und der emotionalen Ebene in einer Beziehung. Mit negativen Gedanken zu einer Situation treten die entsprechenden Gefühle auf, die z. B. als physiologische Reaktionen innere Unruhe, Herzklopfen und feuchte Hände zur Folge haben können. Die betroffene Person empfindet die Situation als Stress und weiß es auch. Durch dieses Wissen wird die körperliche Reaktion ebenso weiter unterhalten wie die emotionale. Die Belastung wird als zunehmend empfunden; ein Teufelskreis beginnt zu wirken.

⇨ ***Bevor Sie weiterlesen:***

- Wenden Sie das Gesagte auf das folgende Beispiel an: Ihr Fachleiter bespricht mit Ihnen eine Unterrichtsstunde. In der beobachteten Stunde ist aus Ihrer Sicht einiges nicht nach Plan gelaufen. Sie hören sich die kritische Analyse und die Ratschläge des Fachleiters an.
- Beschreiben Sie die Gefühle, die Sie in dieser Situation haben.
- Welche Gedanken gehen Ihnen parallel dazu durch den Kopf?
- Wie reagiert Ihr Körper?
- Klären Sie den Zusammenhang zwischen Ihren Gedanken, Ihren Gefühlen und Ihren Körperreaktionen in der konkreten Situation.

Die vernetzte Beziehung der gedanklichen, körperlichen und gefühlsmäßigen Ebenen lässt sich zielgerichtet beeinflussen. Wegen der Vernetzung wird eine Intervention auf nur einer der genannten Ebenen entsprechende Konsequenzen für die anderen beiden Ebenen zeigen. Wird es einer von Stress betroffenen Person möglich, innerlich positive Bilder wahrzunehmen, durch welche sie entspannt wird, so werden sich auch ihre Körperfunktionen normalisieren, möglicherweise wird sich bei ihr auch ein beruhigendes Gefühl einstellen. Das Handeln eines Menschen resultiert stets aus der Summe der Erfahrungen auf allen drei Interpretationsebenen (vgl. z. B. Ellis 2006; Ellis / Schwartz / Jacobi / Sann 2004).

4.2.3. Die Bewertung von Situationen

Jeder Mensch bewertet Situationen und deren Belastungsgrad jeweils anders und damit auch deren Bedrohlichkeit. Lazarus (1999) unterscheidet **drei Stufen**, nämlich

- Einschätzung der Situation (**Primärbewertung**)
- Einschätzung der Ressourcen (**Sekundärbewertung**)
- **Neubewertung** von Situation und Bewältigung

In der Phase der **Primärbewertung** werden Reize und Situationen wahrgenommen und daraufhin beurteilt, ob sie eine Bedrohung enthalten. Reize und Situationen können als positiv (Herausforderung), als potenziell gefährlich (nachteilig im Sinne von Schaden / Verlust oder Bedrohung) oder auch als irrelevant eingeschätzt werden. In der Phase der **Sekundärbewertung** wird überprüft, ob es möglich ist, mit der erlebten Belastung fertig zu werden, ob der Reiz bzw. die Situation mit den verfügbaren Ressourcen bewältigt werden kann.

In der Regel kann auf Grund der individuellen Handlungsmöglichkeiten dann ein Gleichgewicht zwischen den Anforderungen hergestellt werden, wenn man das erlebte Missverhältnis zwischen sich und der Situation (dem Reiz) zunächst als auflösbar bewertet. Man erlebt die Situation dann als **Herausforderung** (= **Eu-Stress**, positiver Stress; eu <griech.> – wohl ...., gut ... im Sinne von „anregend"). Eine Person kommt immer dann in Stress, wenn ihre **Ressourcen nicht ausreichen**, das gewünschte innere Gleichgewicht herzustellen. Der Stress wiederum löst ein spezifisches Stressverhalten aus. Das Empfinden dabei wir als negativer Stress bezeichnet (auch **Dis(s)stress**; dis <gekürzt di> <lat.> – als verneinende Vorsilbe miss.., un...). Negativer Stress kann **zwei Ursachen** haben:

- Die neuen Anforderungen sind tatsächlich hoch und die eigenen Fähigkeiten und Ressourcen im Vergleich mit den Anforderungen tatsächlich gering.
- Die betroffene Person glaubt nur, die Anforderungen seien größer als die eigenen Möglichkeiten, den Anforderungen gerecht zu werden.

Wie und ob eine Person Stress empfindet, ist u. a. abhängig von

- ihren individuell ausgeprägten Eigenschaften (z. B. hohe / niedrige Belastbarkeit, Bewältigungskompetenzen),
- ihrer Erfahrung und damit ihrer Erwartung hinsichtlich der Beeinflussbarkeit von Situationen (Kontrollerwartung),
- ihren Anforderungen an sich selbst und
- ihrer Bereitschaft, persönliches Versagen einzuordnen (Kausalattribuierung).

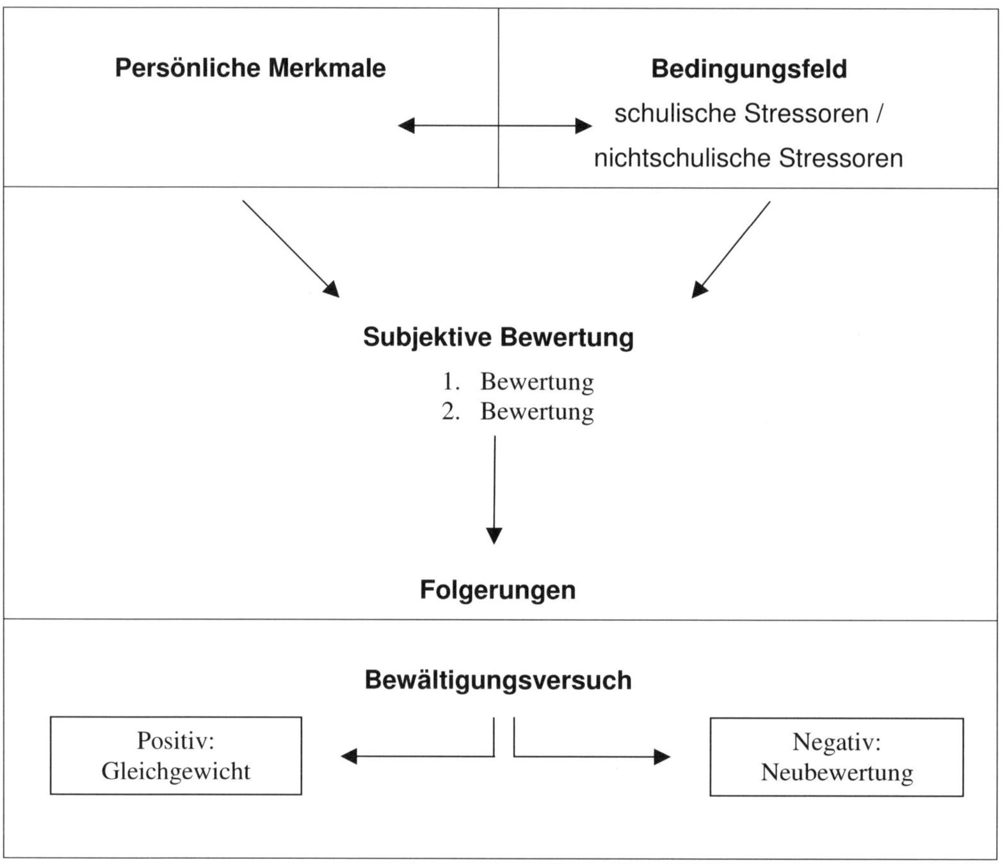

Eine komplexe Wechselwirkung besteht demnach zwischen einer Person und ihren Ressourcen, den auftretenden Lebensereignissen und den Bewertungen. Mit der subjektiven Bewertung verändern sich die inneren (Ressourcen) und äußeren Bedingungen (Situationen, Reize); die Neubewertung führt zu einem Rückblick, bei dem die betreffende Person einen Vergleich mit der ursprünglichen Situation anstellt. Kann z. B. eine Bedrohung nicht abgebaut werden, dann findet eine Neubewertung statt, bei der eine Veränderung des Soll-Wertes vorgenommen wird. **Die Bewertungen haben letztlich das Ziel, die Erhaltung der Ressourcen zu sichern**, also das erlebte Missverhältnis zwischen Anforderungen und Bedürfnis aufzulösen.

⇨ *Übung: Anwendung des Bewertungsverfahrens*

Fall A

Als Referendarin oder Referendar waren Sie sicherlich schon von den Terminnöten Ihrer Fachleiterin oder Ihres Fachleiters betroffen. Im folgenden Fall gelangen Sie an einem Nachmittag im Seminar miteinander zu der Übereinkunft, dass Sie von heute innerhalb von sieben Tagen eine Hospitation durchführen werden. Tags darauf erfahren Sie an der Schule, dass Sie kurzfristig im Rahmen des bedarfsdeckenden Unterrichts bereits in dieser Woche noch eine Klasse 7 für die nächsten sechs Wochen übernehmen sollen.

Oder:

Fall B

Sie haben in dieser Woche zwei Klausuren schreiben lassen (jeweils 25 Arbeiten, einmal Englisch, einmal Deutsch). Die Arbeiten müssen Sie kurzfristig korrigieren, damit Sie die Quartalsnoten termingerecht festlegen und in eine Liste eintragen können. Heute ruft Sie eine alte Freundin an, die Sie seit langer Zeit nicht gesehen haben. Sie sei noch bis morgen in der Stadt und könne sich nichts Besseres vorstellen, als den heutigen Abend und auch (soweit wie möglich) den morgigen Tag mit Ihnen zu verbringen.

Oder:

Fall C

Sie können auch einen anderen Fall wählen, der Ihnen aus der Alltagspraxis näher liegt.

Nehmen Sie sich einige Minuten Zeit und denken Sie sich in Ihre Situation hinein. Bearbeiten Sie danach die folgenden Aufgaben:

Beschreiben Sie die situativen Bedingungen für den genannten Zeitrahmen für alle drei Lebensbereiche. ▪ Lebensereignisse ▪ Umwelt / Arbeitsplatz ▪ interpersonale Beziehungen	
Machen Sie in Stichworten allgemein Angaben über Ihre eigenen Fähigkeiten im Umgang mit schwierigen (neuen) Situationen. Berücksichtigen Sie dabei Ihre persönlichen Erfahrungen.	
Wie schätzen Sie die Situation ein (erste Bewertung)? Machen Sie konkrete Angaben.	
Wie schätzen Sie Ihre Ressourcen im Blick auf die Situation ein (zweite Bewertung)?	

Beschreiben und erläutern Sie das Ergebnis Ihrer Einschätzungen und die Folgerungen, die Sie daraus ziehen.	

4.2.4. Stress-Analyse

Eine Änderung der persönlichen Einstellungen eines Menschen z. B. gegenüber einer belastenden Unterrichtssituation setzt ein Verstehen der psychologischen Mechanismen voraus, die die persönlichen Einstellungen bedingen. Menschen reagieren auf Ereignisse in ihren Lebensbereichen nicht immer sofort durch Handeln. Zunächst werden die Ereignisse wahrgenommen und interpretiert (hierzu siehe Abschnitt 4.1.3.). Jeder Mensch entwickelt seine Einstellungen zu seinen Lebensbereichen über die drei Interpretationsebenen. **Das Ergebnis dieses Interpretationsprozesses ist die subjektive Sicht der Wirklichkeit, nicht aber die Wirklichkeit selbst.**

Es ist wie bei einer Landkarte der Welt, die auch nicht die Welt selbst ist. Auf diese subjektive Landkarte der Wirklichkeit reagiert der Mensch, obwohl er häufig glaubt, er reagiere direkt auf die Wirklichkeit. **Der Mensch reagiert also auf die Einstellungen, die er zu einem Lebensbereich hat; er reagiert auf das, was seine subjektive Interpretation ihm bietet.** Er reagiert also nicht auf eine objektive Wirklichkeit. Daraus ergibt sich, **dass das Handeln** eines Menschen in Bezug auf eine belastende Situation **geändert werden kann, indem man die subjektive Landkarte verändert**, die der Mensch von der Situation hat (vgl. Bandler / Grinder 2005).

Durch eine rationale Selbstbefragung lässt sich herausfinden, von welcher Struktur die Gedanken sind, die im Rahmen einer belastenden Situation auftauchen. Ebenso lässt sich herausfinden, welche Körperreaktionen in belastenden Situation bevorzugt auftreten; auch die Gefühle in entsprechenden Situationen kann man so genau beschreiben.

⇨ ***Hinweise zu den folgenden Übungsmethoden***

An Ereignisse erinnert man sich entweder ***assoziiert*** *oder* ***dissoziiert****. Assoziiert ist man, wenn man das Ereignis in der Vorstellung noch einmal so erlebt, als würde es gerade stattfinden. Dagegen ist man dissoziiert, wenn ein Ereignis so erlebt wird, wie wenn zum Zeitpunkt des Ereignisses ein Film gedreht worden wäre, den man jetzt sozusagen auf einem Film-/Videoschirm als Betrachter anschaut. Durch diese Perspektive wird es dem Betroffenen möglich, einen Abstand zu dem Ereignis einzunehmen und dieses neu zu sehen und zu bewerten. Im Falle der Stresserfahrungen ist eine assoziierte Erinnerung für den Beteiligten sehr unangenehm, weil dadurch alle die Anteile der Erinnerung wieder auftauchen, die der Betroffene gerade meiden möchte. Die assoziierte Methode wird daher eher genutzt, um die eigenen Ressourcen zu ermitteln und zu nutzen. Es ist dagegen angebracht, ein Ereignis dissoziiert zu betrachten, wenn es sich um eine Erfahrung handelt, die gedanklich / gefühlsmäßig negativ belegt ist (vgl. zu den folgenden Übungen auch Bandler 2002).*

⇨ ***Übung: Analyse einer Stresssituation (Methode des Assoziierens)***

<table>
<tr><td colspan="2">Erster Schritt: Situation erinnern</td></tr>
<tr><td colspan="2">Erinnern Sie sich an eine Situation aus dem Unterricht oder aus dem Schul- bzw. Seminaralltag, die für Sie stressig war. Wählen Sie ein Beispiel, das zeitlich nicht zu lange zurückliegt.
Profitipp: Gehen Sie bitte sofort zur nächsten Übung „Dissoziieren“ über, wenn Sie die negativen Gefühle beim Assoziieren zu stark erleben.</td></tr>
<tr><td colspan="2">Zweiter Schritt: Interpretationsprozess beschreiben</td></tr>
<tr><td>- Welche Gedanken hatten Sie in dieser Situation?
- Welche Körperreaktionen traten damals auf?
- Welche Gefühle begleiteten diese Situation?
- Prüfen Sie, wie sich die drei Wahrnehmungsebenen wechselseitig negativ aufgeschaukelt haben.</td><td></td></tr>
</table>

Dritter Schritt: Einschätzungen vornehmen	
- Welche Gedanken, Körperreaktionen und Gefühle waren Ihrer Meinung nach für die Situation angemessen (+), welche eher unangemessen (-)? - Kennzeichnen Sie die Punkte entsprechend. - Begründen Sie Ihre Bewertung.	

Vierter Schritt: Belastungen prüfen	
- Wie lassen sich die Belastungen abschwächen? - Welche Interventionen sind sinnvoll?	

Mit der folgenden Übung „Gedanken-Test" können Sie speziell die Gedanken in einer (Stress-)Situation auf Rationalität hin prüfen.

⇨ *Übung: Gedanken-Test (Methode des Dissoziierens)*

Erster Schritt: Entspannen
Schaffen Sie die Voraussetzungen dafür, dass Sie während der Übung nicht gestört werden. Dann setzen oder legen Sie sich bequem hin. Schließen Sie die Augen für eine Weile. Atmen Sie einige Male kräftig ein und aus.

Zweiter Schritt: Stress-Situation durch „Selbstbeobachtung“ erinnern

Erinnern Sie sich an eine Schul-/Ausbildungssituation, die für Sie stressig war.

Beispiele:

- Wegen einer Revision kündigt sich der Schulleiter zu einer Hospitation an.
- Die entscheidende Hospitation für ein Fach vor dem Zweiten Staatsexamen findet statt.
- Sie unterrichten zum ersten Mal eigenverantwortlich.

Wählen Sie genau eine Situation aus. Schauen Sie sich die Situation vor Ihrem geistigen Auge wie einen Film an. Sie sind der Hauptdarsteller dieses Films und können sich als Betrachter wahrnehmen.

Dritter Schritt: Gedanken identifizieren

Machen Sie sich klar, was Sie damals in der Situation gedacht haben. Lassen Sie sich Zeit dabei. Seien Sie sehr genau; finden Sie jeden Gedanken. Wenn Sie glauben, die damaligen Gedanken hinreichend erinnert zu haben, dann öffnen Sie die Augen. Notieren Sie sofort alle Gedanken, die Ihnen eingefallen sind.	

Vierter Schritt: Gedanken prüfen

Prüfen Sie jetzt die Gedanken, die Sie notiert haben. Welche der Gedanken erscheinen Ihnen für die Situation angemessen (+)? Welche der Gedanken sind unpassend (-)? Kennzeichnen Sie die Gedanken entsprechend. Begründen Sie dann schriftlich jeweils genau Ihre Zuordnung. Nutzen Sie dazu ein gesondertes Blatt.

Fünfter Schritt: Zurücknehmen

Legen Sie Unterlagen und Schreibgerät zur Seite. Atmen Sie zweimal kräftig ein und aus und verlassen Sie nunmehr Ihre Position.

4.2.5. Stressbewältigung

Das Empfinden von Stress hat zur Folge, dass die betroffene Person eine Bewältigungsstrategie entwirft und umzusetzen versucht. Diese ist abhängig von der Situation / dem Reiz selber und von der Persönlichkeit und der kognitiven Struktur der betroffenen Person. Dieser Umgang mit der Bedrohung wird **Coping** genannt. Als mögliche Verhaltensweisen treten z. B. auf:

- Verleugnung der Situation
- Vermeidung der Situation / des Reizes
- Suchen nach Verhaltensalternativen
- Änderung der Bedingungen

Bewältigungsstrategien werden erlernt und können mit zunehmender Erfahrung selektiv genutzt werden. **Die Bewältigung einer Situation bedeutet die Herstellung des inneren Gleichgewichts**, die Bewältigung einer Stresssituation verhindert also den Verlust an Ressourcen. Ursachen für ein Scheitern eines Bewältigungsversuchs sind eine falsche Einschätzung der Situation und / oder der vorhandenen bzw. vom Handelnden aktivier- und nutzbaren Ressourcen. Zu den Bewältigungsstrategien zählt auch das Verfahren, negative, irrationale Gedanken zu beeinflussen oder auch zu ersetzen. Irrational ist ein Gedanke, der eine Situation nicht adäquat abbildet, zu der er gehört (vgl. Kliebisch / Meloefski 2007, Kap. 6).

In der folgenden Übung geht es darum, die in einer belastenden Situation aufgekommenen ungünstigen Gedanken zu tauschen gegen solche, die vorteilhafter sind und in einer Stresssituation eine andere Perspektive einzunehmen erlauben (**kognitive Umdeutung**; vgl. Cameron-Bandler 2005; Lazarus / Lay 2001; Kliebisch 1996).

⇨ Übung: Gedanken tauschen – anders denken

Erster Schritt: Entspannen
Sorgen Sie dafür, dass Sie während der Übung nicht gestört werden. Machen Sie es sich bequem. Schließen Sie für eine Weile die Augen. Atmen Sie einige Male kräftig ein und aus. Kommen Sie zur Ruhe.

Zweiter Schritt: Gedanken identifizieren und notieren	
Erinnern Sie sich an eine bestimmte Situation im Unterricht oder im Schul- bzw. Seminaralltag, die für Sie stressig war. Lassen Sie die Situation vor Ihrem geistigen Auge noch einmal vorbeiziehen. Setzen Sie sich im Geiste dazu in ein Kino und schauen Sie sich das Ereignis wie einen Film an, in dem Sie die Hauptrolle spielen. Was haben Sie damals gedacht? Notieren Sie alle Gedanken, die Ihnen jetzt noch einfallen.	
3. Schritt: Gedanken prüfen	
Welche der Gedanken erscheinen Ihnen für die Situation unangemessen / irrational? Kennzeichnen Sie diese Gedanken mit (-). Begründen Sie jeweils Ihre Bewertung und stellen Sie dabei fest, welche Gefühle bei Ihnen durch die unangemessenen Gedanken ausgelöst wurden. Ordnen Sie die irrationalen Gedanken anschließend: In welchem Maße waren die unangemessenen Gedanken für Ihre Stresserfahrung verantwortlich?	

Vierter Schritt: Ungünstige Gedanken visualisieren	
Wählen Sie den irrationalen Gedanken aus, der Ihre Stresserfahrung am intensivsten gefördert hat. Machen Sie sich ein assoziiertes Bild von diesem Gedanken. Gibt dieses Bild den Gedanken wieder, dann speichern Sie dieses Bild vorübergehend in Ihrem Gedächtnis. Auf dieses Bild kommen Sie noch einmal zurück.	
Fünfter Schritt: Alternative Gedanken bestimmen und visualisieren	
Überlegen Sie jetzt, was Sie an Stelle des unangemessenen Gedankens auch denken könnten. Formulieren Sie diesen Gedanken positiv. Machen Sie sich danach ein dissoziiertes Bild von dem alternativen Gedanken. Speichern Sie dieses Bild vorübergehend in Ihrem Gedächtnis. Auch auf dieses Bild kommen Sie noch einmal zurück.	
Sechster Schritt: Verträglichkeit prüfen	
Nehmen Sie an, der alternative Gedanke hätte Ihnen in der damaligen Situation zur Verfügung gestanden. Was hätte sich dadurch für Sie geändert?	
Schreiben Sie alle Einwände gegen den Gedankentausch auf. Begründen Sie die Einwände. Überlegen Sie, wie Sie mit den Einwänden umgehen könnten. Was macht Sie sicher, dass ein Einwand nicht stärker sein wird als die Kraft Ihres alternativen Gedankens? Werten Sie die Einwände sorgfältig aus. Beziehen Sie sich dabei auf persönliche Erfahrungen mit ähnlichen Situationen. Hinweis: ⇨ Gehen Sie erst dann zum nächsten Schritt der Übung weiter, wenn Sie alle Einwände erfolgreich bearbeitet haben.	

Siebter Schritt: Bilder auspacken
Rufen Sie sich zunächst das Bild Ihres unangemessenen Gedankens zurück vor Ihr geistiges Auge. Lassen Sie dieses Bild groß und hell erscheinen und geben Sie ihm einen weißen Rahmen. Rufen Sie dann das Bild Ihres alternativen Gedankens ab. Lassen Sie dieses Bild klein und dunkel erscheinen und platzieren Sie es in die linke untere Ecke des ersten Bildes. Behalten Sie dieses Arrangement in Ihrem Gedächtnis.
Achter Schritt: Bilder überblenden
Geben Sie sich das Kommando „Jetzt". Dabei lassen Sie das kleine Bild schnell groß und hell werden, bis es den Rahmen des großen Bildes vollständig ausfüllt. Gleichzeitig lassen Sie das große Bild immer kleiner und dunkler werden und schließlich ganz verschwinden. Geben Sie sich anschließend wieder das Kommando „Jetzt" und stellen Sie das Ausgangsarrangement vor Ihrem geistigen Auge wieder her. Wiederholen Sie den Vorgang mindestens fünfmal.
Neunter Schritt: Ergebnis testen
Stellen Sie jetzt das große, helle Bild Ihres unangemessenen Gedankens wieder her. Wenn das Schwierigkeiten bereitet, dann sind Sie am Ziel. Es ist Ihnen gelungen, unangemessene Gedanken gegen solche zu tauschen, die für Sie von Vorteil sind. Sollten Sie keine Veränderung feststellen, dann wiederholen Sie den achten Schritt der Übung mit denselben Bildern noch weitere fünfmal.
Zehnter Schritt: Zurücknehmen
Atmen Sie zweimal kräftig durch und verlassen Sie Ihre Position.

⇨ *Hinweise zur Übung*

- ❑ Sie können diese Übung auch in vereinfachter Form durchführen. Nach dem dritten Schritt können Sie alternativ den vierten Schritt folgendermaßen weiterführen:

Vierter Schritt (alternativ): Alternative Gedanken	
Überlegen Sie zu den gefundenen negativen Gedanken solche alternative Gedanken, die Ihnen hätten helfen können, nicht so stark – wie geschehen – unter Stress zu geraten. Notieren Sie diese alternativen Gedanken.	

Profitipp:

Die Übungen sind der kognitiven Ebene zuzuordnen. Solche Übungen können z. B. analog auch auf der emotionalen Ebene durchgeführt werden, z. B. „Gefühle –Test", „Gefühle tauschen".

Bei der Deutung der Wirklichkeit nutzen Menschen stets alle drei Interpretationsebenen; bei Versuchen, mit Stress umzugehen, verändern sich daher die betroffene Person und / oder die auftretende Situation bzw. der auftretende Reiz. Zu einer **Neubewertung** der Situation bzw. des Reizes kommt es dann, wenn die Bedrohung nicht beendet oder zumindest nicht hinreichend gemildert werden konnte. Hierbei werden wieder dieselben Fragen gestellt wie bei dem durchgeführten Bewertungsprozess. Wiederholte Neubewertungen führen nicht zwangsläufig dazu, dass durch die Veränderungen der Person und / oder der Situation der Stress beseitigt oder vermindert werden kann.

⇨ ***Bevor Sie weiterlesen:***

- Was verstehen Sie in diesem Zusammenhang unter einer „Neubewertung"?
- Inwieweit könnte eine Neubewertung auch bedeuten, die Welt in Zukunft durch eine „rosarote Brille" oder „tiefschwarz" zu sehen bzw. sehen zu wollen?
- Weshalb führen auch wiederholte Neubewertungen nicht zwangsläufig zum Abbau oder zur Beseitigung der Stressbelastung?

Bei kognitiven Stressmodellen spielen also individuelle Bewertungsprozesse eine Rolle. Diese entscheiden darüber, ob eine Situation als Herausforderung oder als Bedrohung wahrgenommen wird. Lazarus (1999; vgl. a. Lazarus / Lazarus 2006; Lazarus / Aldwin 2000) unterscheidet strukturell **zwei Arten** der Stressbewältigung bzw. **des Coping**:

1. **Problemorientiertes Coping** – Hierbei versucht die Person, durch Informationssuche, durch direkte Handlungen oder durch Unterlassung von Handlungen die Problemsituation zu überwinden oder sich den Gegebenheiten anzupassen. Diese Bewältigungsstrategie bezieht sich auf die Ebene der Situation bzw. des Reizes.
2. **Emotionsregulierendes Coping** (auch intrapsychisches Coping genannt) – Hierbei geht es der Person darum, die durch die Situation / den Reiz verursachte Erregung abzubauen, ohne sich mit der Ursache auseinandersetzen zu müssen.

⇨ ***Bevor Sie weiterlesen:***

- Denken Sie an eine Schul- oder Ausbildungssituation, die Ihnen vor kurzem Stress bereitet hat.
- Worin genau bestand der Stress in der Situation?
- Wie haben Sie den Stress abgebaut? Nutzen Sie bei der Beschreibung die Begriffe „Problemorientiertes Coping" und „Emotionsregulierendes Coping".

Für die Entwicklung und Anwendung von Bewältigungsstrategien (Coping-Strategien) ist eine Voraussetzung, dass die betroffene Person über **geeignete Ressourcen** verfügt. Lazarus beschreibt **vier Bewältigungsformen**:

1. **Informationssuche**

   Informationssuche bedeutet zunächst einmal, sich eine Auskunft einzuholen, dann aber auch, die Merkmale einer stressreichen Situation selbstständig herauszuarbeiten. Die gezielte Suche nach Informationen hat also eine problemlösende Funktion. Beide Gesichtspunkte sind bedeutsam, denn sie ermöglichen es der betroffenen Person, die richtigen Problemlösestrategien auszuwählen. Allerdings können auch Ungewissheit und Mehrdeutigkeit einer Information für manche Situationen bestimmter Lebensbereiche stressreduzierend sein.

2. **Direkte Aktion**

   Hierunter fallen alle Aktivitäten, mit denen eine Person stressvolle Situationen zu meistern versucht. Beispiele: Ausleben von Ärger, Stützungsmaßnahmen (z. B. Nachhilfe).

3. **Aktionshemmung**

   Darunter versteht man das Unterdrücken von Handlungen in dem Sinne: *„Dann kann ich wenigstens nichts falsch machen."* Eine wirkungsvolle Bewältigungsstrategie baut häufig darauf auf, dass die betroffene Person zunächst nachteilige Aktionen unterlässt.

4. **Intraspsychische Bewältigungsformen**

   Hiermit sind alle kognitiven Prozesse gemeint, die der Regulation der Emotionen dienen. Diese Bewältigungsform umfasst z. B. die Selbsttäuschung, Abwehrreaktionen wie Verleugnung und Vermeidung, aber auch den Versuch, sich von einer Bedrohung zu distanzieren. Alle diese Aktionen vermitteln der betroffenen Person das Gefühl, die Bedrohung kontrollieren oder ausschalten zu können. Sie vermindern in jedem Fall die emotionale Belastung.

⇨ ***Bevor Sie weiterlesen:***

- Denken Sie wiederum an eine Schul- oder Ausbildungssituation, die Ihnen in letzter Zeit Stress bereitet hat.
- Worin genau bestand der Stress in der Situation?
- Welche der vier genannten Bewältigungsformen haben Sie verwendet, um dem Stress zu begegnen?

- Wie erfolgreich waren Sie bei Ihrem Vorgehen?

Bei der Bearbeitung von Stresserfahrungen greift jeder Mensch auf individuelle Ressourcen zurück. **Bewältigungsressourcen** einer Person sind z. B.:

- Objektressourcen (wie Informationsmaterial, technische Hilfsmittel)
- Bedingungen (wie Unabhängigkeit)
- persönliche Charakteristika (wie Selbstwirksamkeit)
- Energieressourcen (ermöglichen einen Zugewinn von Ressourcen)

Die **Coping-Strategien** besitzen zwei grundlegende **Funktionen**:

- Veränderung der Situation und damit Lösung des Problems
- Veränderung negativer emotionaler Zustände (z. B. Verringerung von Angst) zugunsten der Möglichkeit aktiver Eigensteuerung (mit positiver Rückwirkung)

Effektive Bewältigungsformen sollten sowohl auf direkte Aktionen zielen als auch negative Emotionen regulieren. Allerdings müssen die gewählten Strategien miteinander vereinbar sein, um Fehlanpassungen zu verhindern. In der Regel wird problemlösendes Handeln dazu führen, dass emotionales Unbehagen vermindert wird. Jede der vier genannten Bewältigungsformen kann sowohl problemlösende als auch emotionalregulierende Funktionen erfüllen. Auch lässt sich jede auf die eigene Person als auch auf die drei Lebensbereiche beziehen und dabei auf augenblickliche, vergangene (z. B. Verlust) oder zukünftige Ereignisse (Bedrohung oder Herausforderung) ausrichten.

⇨ *Beispiel: Mögliche Bewältigungsformen am Beispiel „Zustandsangst“*

Ein Beispiel für Zustandsangst ist die Prüfungsangst (Staatsexamen, Revision für ein Beförderungsamt, Unterrichtsbesuch u. a.). Sie äußert sich in den Komponenten Besorgnis (kognitive Ebene), Angstgefühl (emotionale Ebene) und körperliche Erregung (physiologische Ebene). Die Komponenten sind miteinander verknüpft (siehe Abschn. 4.2.2.), so dass sie gleichzeitig auftreten und sich gegenseitig verstärken. Von den Bewältigungsformen ist auf alle Fälle eine hilfreich: Entspannungsübungen jeglicher Art können die vegetativen Symptome dämpfen und damit eine positive Rückwirkung auf die anderen beiden Komponenten haben. Die Bewältigung der Besorgnis kann recht verschieden aussehen. Man kann die Situation z. B. *erleichtern* (Stützungsmaßnahmen suchen) oder ihr *ausweichen* (die Prüfung absagen).

Eine weitere Form der möglichen Bewältigung besteht darin, unrealistische und übertriebene *(irrationale) Vorstellungen abzulegen*, also solche auf realistische Bedingungen zurückzuführen. Die *kognitive Umdeutung* der Situation ist daher als Bewältigungsform sehr hilfreich, um die Bedrohung aktiv anzugehen (siehe Übung „Gedanken tauschen“). Auch *ermunternde Vorsätze* wie *„Es gibt nur Herausforderungen und ich nehme Herausforderungen an.“* können hilfreich sein, wenn sie nicht die Realität verleugnen oder verzerren. Außerdem sollte man rechtzeitig lernen, sich mit bestimmten Realitäten abzufinden: Man sollte *Frustrationstoleranz* entwickeln.

Bei jedem Bewältigungsversuch sollte man sich ein realistisches Anspruchsniveau setzen. Es hängt von den konstruktiven und produktiven Fähigkeiten des Einzelnen ab, inwieweit er Belastungssituationen realistisch beurteilen kann und Stress in den Griff bekommt.

⇨ ***Bevor Sie weiterlesen:***

- Stellen Sie sich vor, ein (Referendar)Kollege hat regelmäßig Angst, in einer bestimmten Klasse zu unterrichten.
- Entwickeln Sie mögliche Bewältigungsformen für diese Zustandsangst.
- Ordnen Sie die Bewältigungsformen danach, inwieweit der Kollege diese sofort, mittel- oder langfristig nutzen kann / sollte.

4.3. Bedeutung von Ressourcen

Positive Ressourcen (persönlicher oder sozialer Art) kann man nutzen, um ein Gleichgewicht zwischen den Anforderungen der Lebensbereiche und der Bewältigung belastender Situationen und Reize herzustellen. Es besteht als die Notwendigkeit, systematische Techniken der Stressbewältigung zu kennen und anwenden zu können. Scheitert der Versuch einer betroffenen Person, die Stresssituation zu bewältigen, erleidet die Persönlichkeitsstruktur einen Schaden. Dies kann eine andauernde Beeinträchtigung nach sich ziehen und langfristig die körperliche und seelische Gesundheit gefährden.

Stress-Management ist eine Herausforderung für den Einzelnen, um ihn zu befähigen, positive Ressourcen freizusetzen und aktiv auf die Situationen / Reize der Lebensbereiche Einfluss zu nehmen. Eine aktive und erfolgreiche Auseinandersetzung mit Stress **setzt** u. a. Folgendes **voraus**:

- Das Wissen, dass Stress individuell ist
- Das Wissen, dass das Stresserleben nicht durch einzelne Stressoren, sondern durch die persönliche Bewertung hervorgerufen und gesteuert wird
- Die Fähigkeit zur Analyse einer Stresssituation
- Die Übernahme von Eigenverantwortung für die Stressbewältigung

Wichtige **Ressourcen** für die Bewältigung von Stress sind außerdem z. B.:

- Zeit-Management
- Entspannungstechniken
- Das soziale Netzwerk

Dem Sachverhalt *Zeit-Management* ist ein eigenes Kapitel gewidmet. Dort werden auch Stress reduzierende Arbeitstechniken beschrieben (⇨ s. Kap. 5.).

Entspannungstechniken

Stress vermindernde Entspannung bezieht sich auf eine **mentale Komponente und** auf **eine passive Einstellungshaltung**. Die mentale Komponente zielt darauf ab, die Gedankenflut bewusst zu unterbrechen und sich den Kopf frei zu machen. Die passive Haltung ist notwendig, um ablenkende oder wieder auftretende Gedanken auszugrenzen. Viele Formen der Entspannung bauen auf diesen Komponenten auf, z. B. das Autogene Training (siehe Kap. 4.1.2.) oder die Lamaze-Atem-Methode. Entspannungsübungen dieser Art dämpfen den körperlichen Erregungszustand, verringen dadurch z. B. Angst und wirken sich positiv auf das körpereigene Immunsystem aus. Es ist daher wichtig, solche Entspannungsübungen zu beherrschen, um sie in belastenden Situationen auch anwenden zu können.

Das soziale Netzwerk

Gespräche mit anderen Menschen können die Auseinandersetzung mit Belastungen aller Art erleichtern und vor schädlichen Auswirkungen von Stress schützen. Unter sozialer Unterstützung versteht man: Miteinander reden, sich aussprechen, sich Probleme von der Seele reden. Die Kommunikation kann informell oder systematisch erfolgen. Eine wichtige Rolle spielen z. B. die informative Unterstützung (Beratung, Bereitstellung von Informationen), die Selbstwertunterstützung (Lob, Anerkennung) und die motivationale Unterstützung (Vermittlung von konkreten Zielvorstellungen, Ermutigung). Dieses sogenannte *Puffer-Modell* geht davon aus, dass die soziale Unterstützung wie ein Puffer die Auswirkungen psychischer Belastungen abmildert.

Ein Beratungsverfahren ist die **„Kollegiale Fallberatung"**; diese wird im Anhang zu diesem Kapitel vorgestellt. Auch dieses Verfahren kann entlastend wirken.

⇨ *Übung: Eigene Ressourcen ermitteln*

Erster Schritt: Entspannen	
Nehmen Sie auf einem Stuhl Platz und schließen Sie die Augen. Atmen Sie kräftig durch die Nase ein und langsam durch den Mund wieder aus. Wiederholung Sie diesen Atemvorgang mehrmals.	
Zweiter Schritt: Belastende Situationen ermitteln	
Denken Sie an Ihren Unterricht / Ihren Schul- und Seminaralltag. Machen Sie sich zu einem Tagesablauf in Ihrem Geiste einen Film. Lassen Sie anschließend den Film vor Ihrem geistigen Auge ablaufen. Sie sind nunmehr Betrachter dieses Films und beobachten sich sozusagen als Akteur von außen. In welchen Zusammenhängen gerieten / geraten Sie unter Druck bzw. fühlten / fühlen sich belastet?	

Dritter Schritt: Maßnahmen gegen die Belastungen beschreiben	
Welche Fähigkeiten / welches Verhalten könnten Sie in der belastenden Situation anwenden, um sich zu entlasten?	
Vierter Schritt: Einwände gegen die Maßnahmen formulieren	
Welche Einwände gibt es gegen die genannten Maßnahmen? – Was genau würde geschehen, wenn Sie diese Maßnahmen in der belastenden Situation anwenden würden?	
Fünfter Schritt: Mit den Einwänden umgehen	
Schätzen Sie diese Einwände ein als sehr zutreffend (3), weitgehend zutreffend (2), weniger zutreffend (1). Kennzeichnen Sie die entsprechenden Aussagen.	
Sechster Schritt: Auf alternative Situationen übertragen	
Welche der Maßnahmen könnten Sie in anderen als den im zweiten Schritt beschriebenen Situationen anwenden? Beschreiben Sie die weiteren Situationen so genau wie möglich. Berücksichtigen Sie dabei die Ergebnisse aus dem 5. Schritt.	
Siebter Schritt: Zurücknehmen	
Atmen Sie zweimal kräftig ein und aus. Verlassen Sie anschließend Ihren Platz.	

4.4. Arbeitsanregungen

Stress und Stressbewältigung

„Eine Lehrperson ist auf Grund ihrer Überzeugungen selbst am Zustandekommen der eigenen Belastung beteiligt." Erläutern Sie diese Aussage. Welchen Ausweg gibt es Ihrer Auffassung nach aus dieser Verflechtung?	
Im Rahmen der Stressanalyse sollten manche Situation assoziiert, andere dissoziiert „erlebt" werden. Begründen Sie die Verfahren und beschreiben Sie entsprechende Beispiele.	
Eine Lehrperson gelangt auf Grund der eigenen Wahrnehmungen zu folgender Interpretation ihres Unterrichts: „Ich kann keinen guten Unterricht erteilen. Außerdem sind die Schüler fast alle an dem Lehrstoff nicht interessiert." Welche Einschätzungen werden von der Lehrperson vorgenommen? Beschreiben Sie mögliche Folgen dieser Einschätzungen. Welche Verhaltens- und Handlungsweisen könnten bei einer solchen Einschätzung die Folge sein?	

Machen Sie sich die Bedeutung der folgenden Ressourcen für das Erleben eigener Belastung klar: • Arbeitsatmosphäre im Kollegium / in der Lerngruppe • Kollegiale Beratung • Körperliche Fitness • Schulprogramm • Entspannungstechniken	
Welche Bedeutung hat das Selbstkonzept einer Person für ihre eigene Stress-Analyse?	
Eine längerfristige Reduktion von Stress wird erreicht durch: • Erhöhung der Belastbarkeit • Änderung der Einstellung • Veränderung der den Stress auslösenden Bedingungen Nennen und erläutern Sie Maßnahmen, durch die Sie diese Ziele erreichen können.	
Welche Maßnahmen sind geeignet, Stress kurzfristig zu verringern? Beurteilen Sie diese Maßnahmen.	

„Stress-Management ist eine individuelle Herausforderung.“ Erläutern Sie diese Aussage und begründen Sie Ihre Auffassung dazu.	
Hier finden Sie einige Beispiele für Einstellungen, die Stress auslösen können. Erklären Sie, weshalb diese Einstellungen zu Stress führen können. Analysieren Sie dabei jede Einstellung einzeln. • Keiner hat das Recht, mich zu kritisieren. • Ich bin vom Pech verfolgt. • Ich werde es nie schaffen, mich zu ändern. • Es ist wichtig, dass mich alle akzeptieren. • Ich darf niemandem wehtun. • Es ist wichtig, dass ich immer die Kontrolle über alles habe. • Die Ansprüche in der Ausbildung sind viel zu hoch. • Die Seminarinhalte sind viel zu weit von der Praxis entfernt. • Das schaffe ich nicht!	

Folgende Sachverhalte werden als Stressauslöser angesehen. Versuchen Sie, jeweils eine Erklärung dafür zu finden. • Unklare und widersprüchliche Aufgaben • Fehlende Kooperation mit Kolleginnen und Kollegen • Unsystematische und eher zufällige Kommunikation mit Kolleginnen und Kollegen • Schwelende Konflikte mit der Schulleitung oder mit Kolleginnen und Kollegen • Zunahme der Verantwortung bei (viel) zu geringem Gestaltungsspielraum	
„Sozialer Druck ist der Stress, der am stärksten an die Substanz geht." Was ist mit dieser Aussage gemeint? Wie kann man dieser Art von Stress begegnen?	
Der erste Schritt bei Stress ist, Abstand zu gewinnen. Wie können Sie Abstand herstellen?	

„Don't worry, be happy!" – Erörtern Sie diese Aussage unter dem Gesichtspunkt der Stressbewältigung.	
Wie würden Sie vorgehen, um eine Stresssituation zu bewältigen? Geben Sie konkrete Beispiele.	
„Stress ist nicht gleich Stress." Was steht hinter dieser Aussage?	
„Unbekannt – feindlich – Stress". Erläutern Sie diese Aussage. Wie können Sie diesem Stress begegnen?	

„Grübeln" ist ein dysfunktionaler Zustand. Wodurch kommt es zu diesem Zustand?	
Welche Folgen bringt ein solcher dysfunktionaler Zustand mit sich? Wie kann man diesen Zustand beenden?	
Formulieren und begründen Sie Ihre drei wichtigsten Einsichten, die Sie aus diesem Kapitel gewonnen haben. Begründen Sie Ihre Entscheidung für diese Einsichten.	

4.5. Anhang: Kollegiale Fallberatung (Intervision)

Die Kollegiale Fallberatung (Intervision) gehört zu den Ressourcen, die als **soziale Unterstützung** sowohl auf der kognitiven Ebene als auch auf der emotionalen Ebene zur Stressbewältigung beitragen können. Bei der Kollegialen Fallberatung stellen sich Kolleginnen und Kollegen einer Kollegin / einem Kollegen als Berater zur Verfügung und erteilen ihr / ihm Rat (**Funktion der Hilfe**). Dabei soll ein Handlungsmuster durch die Berater vermittelt werden, das es der / dem Ratsuchenden ermöglicht, eine Lücke im persönlichen Handlungsprogramm zu schließen (**Funktion der Förderung**). Die Form der Beratung stützt die betroffene Person außerdem durch ein hohes Maß an **Solidarität** (vgl. Spangler 2005; Franz / Kopp 2003; Tietze / Schulz v. Thun 2003).

Daraus ergibt sich:

- → Eine besondere Form eines **beratenden Gesprächs**, bei dem in Zusammenarbeit von Kollegen eine kooperative Lösung für einen einzelnen Fall aus der Praxis gesucht wird
- → Eine Phasierung des Gesprächs in bestimmter Abfolge mit Arbeitsschritten zum Zuhören und Verstehen, Fragen und Antworten, Reflektieren und Bearbeiten einer konkreten Situation aus dem Schulalltag

Phasen des Gesprächs

1. Aufgabenverteilung
2. Falldarstellung
3. Rückmeldung zur Darstellung
4. Bearbeitung
   - *Reflexionspause*
   - *Hypothesenbildung*
   - *Einschätzung der Hypothesen*
   - *Entwicklung von Lösungen*
   - *Entscheidung*
5. Abschluss (abschließende Äußerungen zum Verfahren)

Durch dieses Vorgehen wird gesichert, dass sich alle Teilnehmer an dem Beratungsgespräch beteiligen, indem sie ihre Erfahrungen und Sichtweisen zur Problematik des Falls darstellen. Man verhindert dadurch, dass die Teilnehmer oberflächlich herumdiskutieren und lediglich sogenannte Patentlösungen mitgeteilt werden. Durch wechselseitiges Anteilnehmen, Hineinfühlen in den Fall, Beraten und Entwickeln von Lösungsvorschlägen kommt ein Problemlösungsprozess in Gang, der die ratsuchende Lehrperson mit ihrem Problem oder Konflikt aus der Vereinzelung in eine mitdenkende, mitfühlende und mutmachende Solidargemeinschaft hebt.

Hinweise zur Gruppenarbeit

1. *Eine entsprechende Gruppe (6 bis 7 Personen) konstituiert sich auf Grund der Interessen und der Solidarisierung von Lehrern mit dem Ziel,*
   - *a.) einen einzelnen Problemfall eines Kollegen in der Gruppe zu besprechen,*
   - *b.) verschiedene Problemfälle von Kollegen in der Gruppe zu besprechen.*

   Bei a.) steht von Anfang an fest, wer den Fall vorstellt. Bei b.) wird in der Gruppe die Entscheidung über die Reihenfolge der Fälle und gegebenenfalls über weitere Sitzungstermine getroffen, nachdem jedes Gruppenmitglied seinen Fall vorgetragen hat.
2. *Die Person, die ihren Fall für die Verhandlung im Gespräch vorstellt, ist die / der Ratsuchende (Bezeichnung R). Die übrigen Gruppenmitglieder sind die Berater (Bezeichnung B).*
3. *Aus der Beratergruppe wird ein Moderator (Bezeichnung M) bestimmt.*
4. *Unter den Teilnehmern wird Verschwiegenheit vereinbart.*

Der folgende Ablaufplan für ein Beratungsgespräch geht davon aus, dass sich die Gruppenmitglieder erst über den Fall verständigen, der beraten werden soll. Die Phase 1 ist die Phase der Aufgabenverteilung, in der neben der Wahl des Falles und der Bestimmung des Moderators außerdem der organisatorische Ablauf und die Gesprächsregeln (z. B. TZI) in Erinnerung gebracht werden. In der Phase des Abschlusses sollte jedes Mitglied eine persönliche Stellungnahme über die Fallberatung abgeben. Darüber hinaus wird man Verschwiegenheit vereinbaren, um so den Fall, aber auch Art und Umfang der Problemlösung für alle, insbesondere für den Ratsuchenden im vertrauten Kreis zu belassen.

♦ **Phase 1: Aufgabenverteilung**

- ❑ Konstituierung einer Beratergruppe (Bezeichnung B)
- ❑ Ermittlung des zu behandelnden Falles
  - ➢ Mitteilungen über verschiedene Situationen aus der Praxis
  - ➢ Auswahl des vorzustellenden Falles durch einen Ratsuchenden (Bezeichnung R)
- ❑ Wahl des Moderators (Bezeichnung M), verantwortlich für
  - ➢ die Einhaltung der Gesprächsregeln
  - ➢ die Einhaltung der Phasenfolge und der Zeiten

♦ **Phase 2: Fall-Darstellung**

R ⟶	B
R schildert seinen Fall möglichst genau (auch scheinbar Nebensächliches).	B hören aufmerksam zu, machen sich ggf. Notizen zum Fall / zu den Eindrücken, notieren ggf. Klärungsfragen. ⇨ Wichtig: ▪ *Keine Kommentierung* ▪ *Keine Interpretation* ▪ *Keine Ratschläge* ▪ *Keine Bewertung*

Klärungen

R ⟵	B
R hört zu.	**B stellen Rückfragen zum Verständnis der Situation:** ▪ Was habe ich nicht verstanden? ▪ Was möchte ich noch wissen? ▪ Wie war es? ⇨ Wichtig: ▪ *Keine Fragen nach Begründungen = Keine Warum-Fragen*
R ⟶	B
R erläutert.	B hören zu.

♦ **Phase 3: (Kurze) Rückmeldung (über Empfindungen) zur Darstellung**

R ◄	——— B
R hört zu.	**B geben ein Blitzlicht.** ▪ Was hat die Darstellung bei mir persönlich ausgelöst? (emotionale Dimension) ▪ Was hat die Darstellung bei mir im Blick auf die Situation ausgelöst, in der sich R befand? ⇨ Wichtig: ▪ *Aussagen nur aus persönlicher Sicht* ▪ *Keine Interpretation* ▪ *Keine Erklärung* ▪ *Keine Kommentierung der Aussagen*

⇨ *Hinweise zur Modifizierung des Verfahrens:*

Die Falldarstellung kann durch ein **Rollenspiel** ergänzt werden. Manchmal kommen auf diese Weise erst die Fragen auf den Tisch, die für die Bearbeitung des Falles eine wichtige Rolle spielen. Für das Rollenspiel übernimmt eine Person aus der Beratergruppe die Rolle der Person, die den Fall vorgetragen hat. Eine weitere Person spielt den Schüler, um den es geht. Bei der Darstellung einer Situation spielen gegebenenfalls weitere Personen Schüler. Als Rollenspielanweisung dient der Bericht des ratsuchenden Kollegen.

Das Rollenspiel kann auch in einer emphatischen Rollenübernahme gespielt werden (**Ich-als-du-Rollenübernahme**). Perspektive Kollege: „Ich als du (mit Blick auf die betroffene Person) fühle / empfinde / würde ....“ Und aus der Perspektive des Schülers: „Ich als (Claudia / Peter) würde / fühle / ....“ Dabei müssen die Sprecher die Regeln beachten: Die emphatischen Formulierungen dürfen keine Bewertungen, Interpretationen oder Kommentierungen darüber enthalten, was R berichtet hat. Und natürlich sollen die emphatischen Aussagen auch frei sein von Lösungsvorschlägen oder Ratschlägen. Bei möglichen sprachlichen Unschärfen sollte der Moderator eingreifen.

♦ **Phase 4: Bearbeitung (Gemeinsame Bearbeitung des Problemfalls)**

R ←	→ B
R hört zu.	⇨ **Reflexionspause** **Jeder B macht sich klar:** ▪ Wie genau kann man die Konfliktsituation angemessen beschreiben? ▪ Welche Bedingungsfaktoren sind für das Zustandekommen der Konfliktsituation verantwortlich? ⇨ Wichtig: ▪ *Aussagen nur aus persönlicher Sicht* ▪ *Keine Interpretation* ▪ *Keine Erklärung* ▪ *Keine Kommentierung der Aussagen*
R ←	B
R notiert alle Aussagen stichwortartig, ordnet und gewichtet die Hypothesen: ▪ Welche Hypothesen muss ich überprüfen? ▪ Welche Hypothesen muss ich verwerfen?	⇨ **Hypothesenbildung** ⇨ Methode: Brainstorming B entwickeln Vermutungen über mögliche Hintergründe / Ursachen der Problemsituation. ⇨ Wichtig: ▪ *Alle Hypothesen sind zugelassen.* ▪ *Jeder B sollte sich äußern.* ▪ *Alle B sind gleichberechtigt.*
⇨ **Zeit zum Ordnen und Bewerten (ca. 2 Min.)**	
R überlegt und klärt für sich: ▪ Welche Aussagen liefern mir neue Aspekte, Ideen, Perspektiven? ▪ Welche Beobachtungen muss ich noch vornehmen? ▪ An welchen Stellen besteht für mich noch Klärungsbedarf?	

Einschätzung (Feedback)

R ──────────────────────►	B
R äußert sich zur Darstellung der B: ▪ Von wem fühle ich mich besonders gut verstanden? ▪ Was habe ich als interessant und neu empfunden? ▪ Welche Lösung scheint mir die beste zu sein? ▪ Wo liegen Missverständnisse?	B hören zu.

Entwicklung von Lösungen

R ◄──────────────────────	B
R hört zu und notiert die Lösungsvorschläge (Stichwörter). Er trifft anschließend eine Wahl aus den angebotenen Möglichkeiten.	**B bieten auf der Grundlage der Einschätzungen Handlungswege an.** **B äußern ihre Vorschläge in der Form „Ich als du ....“** ⇨ Methode: Brainstorming oder Einzelvorschläge

Entscheidung

R ──────────────────────►	B
➢ **R beurteilt die Lösungsvorschläge auf Grund seiner Möglichkeiten und nach Plausibilität.** ➢ **R teilt B mit, welchen Lösungsvorschlag er für den besten hält.** ➢ **R sagt, was er auf Grund des besten Lösungsvorschlags im Blick auf den Problemfall tun will.**	B hören zu.

- **Phase 5: Abschluss (abschließende Äußerungen zum Verfahren)**

R ⟵⟶ B
Alle Teilnehmer machen ein Blitzlicht. ▪ Wie ist es mir im Verlauf des Verfahrens ergangen (Gedanken / Gefühle)? ▪ Welche Phasen waren für mich aufschlussreich / lernwirksam? ▪ Worauf sollte die Beratungsgruppe bei ihrer nächsten Sitzung achten?

⇨ Hinweise:

❑ Der Moderator hilft in allen Phasen, den vorgesehenen Ablauf inhaltlich und methodisch einzuhalten (s. kursiv gedruckte Hinweise „Wichtig“).

❑ R und B sind grundsätzlich bereit, die Hilfen des Moderators anzunehmen und seine Strukturierung des Beratungsprozesses zu akzeptieren.

⇨ ***Zum Abschluss:***

- Vergegenwärtigen Sie sich die Struktur des Prozesses bei der Kollegialen Fallberatung. In welchen Phasen erkennen Sie die „Funktion der Hilfe“, wo die „Funktion der Förderung“?
- Welche Vorteile bringt das Verfahren im Vergleich dazu, einen Beratungsfall ohne Hilfe von Kollegen zu bearbeiten? Gehen Sie dabei auch darauf ein, inwieweit das Verfahren Stress mindern kann.
- Für wie effektiv halten Sie das Verfahren der Kollegialen Fallberatung?

5.

Zeit-Management

„Wenn Du es eilig hast,

gehe langsam.“

(Lothar J. Seiwert)

5.1. Zeitdruck als Stressauslöser

Viele Lehrer stehen heutzutage unter Zeitdruck, weil sie täglich viele unterschiedliche Aufgaben zu erledigen haben und viele Termine wahrnehmen müssen. Lehrer müssen sich (wie viele andere Menschen auch) sowohl beruflichen als auch privaten Anforderungen stellen. Beide Lebensbereiche sind miteinander verschränkt, müssen jeweils für sich organisiert und aufeinander abgestimmt werden. Die zur Verfügung stehende Zeit ist eine vorgegebene Größe und begrenzt. **Für den Einzelnen können sich insbesondere Belastungen ergeben, wenn er nicht über die Zeit bestimmt, sondern von Zeitvorgaben beherrscht wird.** Die Folge sind ein Verlust an Zeitübersicht und ein Mangel an Konzentration für die Arbeit. Daraus ergibt sich der Zeitdruck, der in der Regel Auslöser von Stress ist. Wird die tägliche Situation als Überlastung empfunden, dann befindet sich der Betroffene im Stress. Spätestens dann ist es erforderlich, die längerfristige, aber auch die kurzfristige Zeitplanung zu überdenken. Im eigentlichen Sinne handelt es sich um das Selbst-Management in Bezug auf die eigene Tätigkeit und die Zeiteinteilung.

In der Regel wird man kaum die Anzahl der üblichen Aufgaben und deren Umfang verringern können. Es geht somit um die für die Aufgaben zur Verfügung stehende Zeit; Aufgaben müssen in der Zeit zweckmäßig verteilt sein. **Arbeiten oder Aufgaben werden einer Zeitleiste zugeordnet.** Durch eine Reihe von Strategien lässt sich ein Zeitplan so organisieren, dass man auf seiner Grundlage Arbeiten und Aufgaben weitgehend ohne Stress erledigen kann. Bei der Erstellung eines solchen Zeitplans wird außerdem offengelegt, ob man sich – aus welchen Gründen auch immer – ein Zuviel an Arbeit zugemutet hat. Das **Ziel des Zeit-Managements ist es, sich vom Zeitdruck zu befreien**, Zeit für die regelmäßig erforderliche Erholung zu reservieren und durch die eigene Bestimmung der Arbeitsorganisation die Motivation für seine Tätigkeit bzw. seinen Beruf zu erhalten, zu gewinnen bzw. zurückzugewinnen (vgl. a. Malik 2005).

Ausgangslage für ein Zeit-Management ist zunächst die genaue **Bestandsaufnahme** der bisherigen Arbeitsverteilung und Zeitnutzung während eines bestimmten Zeitraums. Auf dieser Grundlage ermittelt man dann, welche Zeitverluste durch die bisherige Organisation der Tätigkeiten auftreten, welche Zeitverluste gegebenenfalls als

„Störungen“ bei der Erledigung der Aufgaben auffallen und welche Zeitverluste sich auf Grund unzureichender Strukturierung der Arbeit ergeben. Die Analyse dieser Bedingungen ist die Voraussetzung dafür, die Zeitplanung überschaubar zu machen. Die Zeitplanung ist dabei stets auf das konkrete Handeln in unmittelbarer und in naher Zukunft gerichtet. Die Bestandsaufnahme über die bisher gewohnte Zeitnutzung dient als Grundlage zur Analyse der Zeitaufteilung. Die beiden folgenden Übungen sollen Ihnen helfen, Ihren bisherigen Umgang mit Zeitressourcen angemessen einzuschätzen

⇨ Übung: Bestandsaufnahme „Arbeitsaufkommen“

1. Welche Arbeiten und Aktivitäten haben Sie in den letzten beiden Wochen erledigt? Beziehen Sie sich dabei sowohl auf den beruflichen (B) als auch auf den privaten (P) Bereich. Erfassen Sie auch die Wege- und Fahrtzeiten.

Beruflich (B)	*Privat (P)*

2. Geben Sie zu jeder Tätigkeit die pro Tag bzw. pro Woche aufgewendete Zeit in Minuten an. Kennzeichnen Sie außerdem Ihre Tätigkeiten in folgender Weise: sehr wichtig (+), wichtig (o) oder weniger wichtig (-).

Tätigkeit	*Zeit in Minuten*	*Wichtigkeit + / o / -*

3. Vergleichen Sie in Ihrer Übersicht die einzelnen Arbeiten und Aktivitäten in Bezug auf Wichtigkeit und Zeitaufwand. Wie beurteilen Sie das Ergebnis? Markieren Sie auffällige Missverhältnisse.

4. Bei welchen Arbeiten und Aktivitäten hätten Sie gegebenenfalls Zeit einsparen können? Welche Arbeiten und Aktivitäten hätten gegebenenfalls wegfallen können („Zeitdiebe“)? Begründen Sie jeweils Ihre Bewertung.

Zeiteinspar-Potenziale bei	*Begründung*
Wegfallen konnten	*Begründung*

⇨ *Übung: Eigener Umgang mit Zeit und Arbeit*

1. Welche Zeitprobleme haben Sie bisher bewusst erfahren?

2. Können Sie „Nein“ sagen, wenn Sie kurzfristig Arbeitsaufträge angeboten bekommen und Termine wahrnehmen sollen? Mit welchen Gefühlen verbinden Sie Ihre jeweilige Aussage?

3. Wie häufig und wie lange machen Sie täglich Pausen? Was tun Sie während dieser Zeit?

Zahl der Pausen	*Länge der Pausen*
Tätigkeiten während der Pausen	

4. Kommt es vor, dass Sie Arbeiten bis zum letzten Moment hinausschieben? Um welche Arbeiten handelt es sich dabei? Welche Gründe gibt es für Ihr Verhalten?

Hinausgeschobene Arbeiten	*Gründe für das Hinausschieben*

5.2. Zeitnutzung und Zeitplanung im Alltag

Lehrer geraten in ihrem (Arbeits-)Alltag immer mehr in Zeitnot, obwohl ihnen durch den Arbeitsauftrag und den Arbeitsrhythmus täglich eine bestimmte Zeiteinteilung vorgegeben ist. Als Ursache für die Zeitnot wird in erster Linie eine Arbeitsüberlastung in der außerhalb der Schule liegenden Tageszeit genannt. Arbeitsüberlastung stellt sich ein, weil sich häufig verschiedene Aufgaben bzw. Arbeiten überschneiden und viele Aufgaben oft kurzfristig und fast gleichzeitig erledigt werden müssen. Das Arbeitsaufkommen der Lehrer ist zweifellos hoch. **Dennoch entsteht der Zeitmangel in der Regel durch eine ineffektive Zeitplanung**. Eine ineffektive Zeitplanung kann einmal in einer **falschen Zeiteinteilung** bestehen, zum anderen aber auch mit der **Vergeudung von Zeit** zusammenhängen. Eine solche Zeitvergeudung wird vielen Menschen gar nicht bewusst.

Zeit-Management ist die zielorientierte und konsequente Planung der Arbeit in der täglichen Praxis. Dabei geht es darum, die eigenen Lebensbereiche so zu führen und zu organisieren, dass man die zur Verfügung stehende Zeit sinnvoll und optimal nutzen kann. **Nicht die Zeit ist also das Problem, sondern das, was wir aus ihr machen.** Verlorene Zeit ist unwiederbringlich. **Zeit-Management heißt somit, die zur Verfügung stehende Zeit zu beherrschen, statt sich von ihr beherrschen zu lassen.** Die entscheidende Frage ist: Wie gut nutzen wir die zur Verfügung stehende Zeit? Zeit lässt sich nicht vermehren: **Zeit-Management ist die Rationalisierung der eigenen Zeit.**

Beim Zeit-Management geht es um **drei Fragen (ZOM)**:

1. Was ist zu tun? (**Zielfunktion = Z**)
2. Wann ist es zu tun? (**Organisationsfunktion = O**)
3. Wie ist es zu tun? (**Methodenfunktion = M**)

Alle drei Fragen müssen beachtet und geklärt werden, da sonst die Zeitplanung unvollständig bleibt. Im Weiteren geht es auch darum, Zeitbegrenzungen zu erkennen, Zeitleerlauf nicht entstehen zu lassen und gegebenenfalls Zeitlücken sinnvoll zu nutzen. Zeit-Management unter den genannten Gesichtspunkten bedeutet letztlich, Arbeiten zu systematisieren und Routinen zu gewinnen, damit die richtige Aufgabe zur rechten Zeit und mit der rechten Intensität erledigt wird (vgl. Seiwert 2005).

Anmerkungen über Zeitnutzung und Zeitplanung

Im Folgenden werden einige Probleme genannt, die im Umgang mit Zeit häufig auftreten. Im Blick auf Umfang und Ausprägung betreffen diese Probleme den einen Menschen mehr, den anderen weniger. Kreuzen Sie die Punkte an, die auf Sie persönlich zutreffen.

- ♦ Man vereinbart zu viele Termine.
- ♦ Einen Zeittakt kann / möchte man nicht immer einhalten.
- ♦ Arbeit schiebt man vor sich her, unabhängig davon, ob man sie gerne oder nicht gerne macht.
- ♦ Der Eindruck, dass viel Arbeit ansteht, macht einen nervös.
- ♦ Die Zeitabhängigkeit von anderen bringt die eigene Zeiteinteilung durcheinander.
- ♦ Mehrere Aufgaben möchte man / muss man oft gleichzeitig erledigen und will es auch.
- ♦ Man unterschätzt den Zeitaufwand für das Erledigen einer Aufgabe.
- ♦ Man möchte möglichst alle wichtigen Aufgaben an sich reißen.
- ♦ Man hat keine Zeit für persönliche Pausen bzw. allgemein zu wenig Zeit zur eigenen Verfügung.
- ♦ Unvorgesehenes bringt einen zeitlich durcheinander und macht einen nervös und gereizt.

5.3. Regeln für das Zeit-Management

Für einen Lehrer gibt es im Rhythmus eines Schuljahres zwei **Hauptbereiche von Arbeit**:

- die täglich wiederkehrende Unterrichtszeit gemäß Stundenplan an der Schule
- die sich täglich wiederholende Vor- und Nachbereitung des Unterrichts (Auswahl / Reflexion von Inhalt und Methode, Bereitstellung von Experimenten, Gestaltungsmaterialien und Arbeitsunterlagen), die teils zu Hause, teils an der Schule (Experimentierraum, Bibliothek) stattfindet

Dieser Arbeit zugeordnet sind obligatorische **Veranstaltungen der Schule**:

- Konferenzen (Lehrer-, Fach-, Zeugniskonferenzen)
- Beratungen (von Eltern, Schülerinnen / Schülern, Kolleginnen / Kollegen)
- Gespräche (Klassenpflegschaft, Elternsprechtag)

Außerdem besteht die Notwendigkeit und zum Teil auch die Verpflichtung, **zusätzliche Aufgaben und Funktionen** zu übernehmen:

- Teilnahme an der Schulpflegschaft
- Leitung einer Sammlung
- Berater für Sicherheitsfragen
- Vorbereitungen für den „Tag der offenen Tür" oder ein Schulfest

Parallel zu diesen Tätigkeiten sind – mehr oder weniger regelmäßig – **weitere Arbeiten** zu bestimmten Terminen zu erledigen:

- Korrektur von Schülerarbeiten (z. B. Klassenarbeiten, Hausarbeiten)
- Notengebung
- Arbeitsvorlagen für Konferenzen
- Protokolle
- Vorbereitung von Schulfahrten / Exkursionen / Elternsprechtagen
- Arbeitspläne auf der Grundlage neuer Erlasse u. a.
- Führen von Klassenbüchern, Kursheften, Personalbögen etc.
- Prüfungsvorbereitungen und Durchführung von Prüfungen

Hinzu kommen noch **kurzfristig zu übernehmende Aufgaben** wie etwa Unterrichtsvertretungen. Für einige dieser Tätigkeiten kann längerfristig keine feste Terminierung eingeplant werden, so dass Lehrer kurz- und mittelfristig flexibel auf entsprechende Anforderungen reagieren müssen.

Diese sicher nicht vollständige Übersicht lässt erahnen, dass die Arbeit eines Lehrers fast in jedem Zeitabschnitt des Schuljahres in großer Dichte und meistens auch mit großer Dringlichkeit zu erledigen und flexibel zu gestalten ist. Darum ist es **notwendig, die anfallende Arbeit zeitlich so zu koordinieren,** dass man nicht einem täglichen Zeitdruck ausgeliefert ist. Beachtet werden muss außerdem, **dass auch der private Bereich Ansprüche stellt,** die nicht allein durch die Aufgaben der Lebenserhaltung bestimmt sind, sondern auch durch soziale Verpflichtungen in der Familie, in der Partnerschaft oder im Freundeskreis. Viele Lehrer leiden weit vor Erreichen ihrer Altersgrenze am **Burnout-Syndrom**; dies weist auf die Folgen des Zeitstresses hin, der mit dem Fortschreiten der Arbeitsjahre zu körperlichen und seelischen Schäden führt.

Man muss Arbeitsabläufe organisieren und gemäß den vorgegebenen oder den selbst zu setzenden Terminen planen und eine klare Zeiteinteilung in seinem Tagesablauf vornehmen, wenn man nicht unter Zeitdruck geraten und unter Zeitstress leiden möchte. Arbeit sollte man nicht – so behaupten manche – vor sich herschieben; dadurch entsteht ein innerer Druck, weil man ein schlechtes Gewissen bekommt. Andererseits ist es auch nicht angebracht, jede Arbeit sofort erledigen zu wollen; dadurch entwickelt sich häufig ein innerer Druck auf Grund des Gefühls des Getriebenseins (vgl. Stollreiter 2006). **Hier gilt es, sich Regeln zu geben, um die genannten Wege nach Nützlichkeit zu beschreiten und um die Motivation für die jeweiligen Tätigkeiten zu erhalten.**

Grundlegend für das Zeit-Management ist der Zeitplan. Jede Arbeit bzw. Aufgabe ist in einen Zeitplan einzuordnen. Damit verschafft man sich einen Überblick über die einzuhaltenden Termine und über die anfallenden Arbeiten und Aufgaben, die man in einem bestimmten Zeitabschnitt erledigen möchte. Darüber hinaus sind einige **Regeln** zu beachten, die es ermöglichen, den Zeitplan zu ökonomisieren und dadurch den Zeitdruck zu verringern oder ganz aufzuheben. Solche Regeln sind z. B.:

- komplexe / umfangreiche Arbeiten und Aufgaben strukturieren (Strukturierungsmaßnahmen)

- ➢ für Arbeiten / Aufgaben Prioritäten setzen
- ➢ die Zeitplanung im Hinblick auf Zeitverluste durch „Zeitdiebe“ („Zeitfallen“) überprüfen
- ➢ die Zeitplanung bezüglich des Verhältnisses von Anspannung und Entspannung überdenken

⇨ ***Bevor Sie weiterlesen:***

- Nennen Sie „Zeitfallen“, in die Sie immer wieder tappen.
- Erklären Sie sich, weshalb die jeweiligen Ereignisse / Situationen für Sie immer wieder zu „Zeitfallen“ werden.
- Wie beurteilen Sie Ihr Verhalten im Blick auf die „Zeitfallen“.

5.4 Zeitplanung – Monats-/Wochen-/Tagespläne

Der tägliche Arbeitsrhythmus und feststehende Veranstaltungstermine machen es notwendig, sich variabel handhabbare Terminvorgaben für die Erledigung von Aufgaben zu machen, verschiedene Aufgaben terminlich aufeinander zu beziehen und abzugleichen und die Einhaltung von Terminen und die Erledigung von Aufgaben zu überwachen. Diese Maßnahmen bieten eine übersichtliche Möglichkeit des Eingriffs in die Zeitplanung, wenn „Störungen" auftreten – und die kommen nicht selten vor – und wenn Aufgaben terminlich neu verplant werden müssen. Je schneller man auf solche Störungen reagieren kann, desto weniger gerät man unter Zeitdruck; denn durch die Umstellung von Arbeiten und gegebenenfalls durch Terminverlegungen kann man einen Zeitausgleich herstellen (vgl. Geißler 2006).

Der erforderliche Überblick über die Zeitplanung wird durch die visualisierte Darstellung in einem **Zeitrasterplan** erreicht. Einen solchen Plan benötigt man für die **Tages- und Wochenplanung,** aber auch für die **Monatsplanung**. Die verwendeten Planvorlagen müssen den zu dokumentierenden Zeitraum als Übersicht zeigen und **für die Eintragung** aller zu erfassenden Termine **ausreichenden Platz** enthalten. Die Vorlagen sollten außerdem eine **Stundeneinteilung** enthalten. In der Regel wird man mit allen drei Vorlagen arbeiten und aus einem Monatsplan die Wochenpläne und aus diesen die Tagespläne generieren. Dieses Verfahren ist zweckmäßig, da es viele Wochen- und Tagesgeschäfte gibt, die kurzfristig auftreten und sozusagen zwischendurch erledigt werden müssen und auch erledigt werden können. Außerdem kann man im Hinblick auf die längerfristige Planung geeignete Entscheidungen darüber treffen, wie man mit den kurzfristig aufkommenden Terminen und Aufgaben umgehen möchte. Dieses Verfahren garantiert eine gute Übersicht über die zeitliche Verteilung der Arbeit einerseits und sichert die tägliche Arbeitsgestaltung andererseits.

Profitipp:
Natürlich kann man auch mit den bekannten **Software-Planern** wie etwa Microsoft Outlook® oder einem **Handheld** (PDA) arbeiten. Vielfach gibt es auch die Möglichkeit, Daten mit den Timern von Handys zu synchronisieren. Die elektronischen Hilfsmittel sind oft hilfreich, sollten aber zumindest ähnlich strukturiert sein, wie wir es hier für handgefertigte Pläne vorschlagen (vgl. Knoblauch / Wöltje 2006b).

Eine **Langzeitplanung** (z. B. über vier Wochen) ist zweckmäßig. Sie schafft die Voraussetzung dafür, dass genügend zeitliche Spielräume (**Pufferzeiten**) vorgesehen werden können. Unter dieser Bedingung können kurzfristig notwendige Neuplanungen vorgenommen und zeitliche Engpässe vermieden werden. In welchem Umfang man die Zeitkontingente für den zeitlichen Puffer vorsieht, muss aus der Dichte des

Arbeitsaufkommens und der sonstigen Aktivitäten insgesamt erschlossen werden. Angebracht erscheint es, dass die Zeitplanung sich nicht nur auf den Arbeitsbereich bezieht, sondern auch die übrigen Lebensbereiche einschließt.

Weitere ***Vorteile eines strukturierten Zeitplans*** sind:

1. Durch die Zeitplanung erhält man Transparenz in der Verteilung der Tätigkeiten auf die verschiedenen Lebensbereiche. Dadurch wird erkennbar, in welchen Zeitabschnitten z. B. der private Bereich zu kurz gekommen ist oder welche Arbeitsverdichtungen aufgetreten sind .
2. Die Koordination der verschiedenen Arbeiten untereinander wird deutlich. Verschränkungen können erkannt werden und gegebenenfalls dazu führen, durch Umstrukturierung eine Bündelung von bestimmten Aufträgen zu erreichen. Schwerpunktzeiten können gegebenenfalls entzerrt werden.
3. Die Feststellung darüber, welche Arbeiten / Aufgaben erledigt oder nicht erledigt werden konnten, erlaubt es, sich einerseits über den Abschluss eines Vorhabens zu freuen und andererseits Unerledigtes kurzfristig in die bestehende Zeitplanung neu einzuordnen.

⇨ *Übung: Überprüfung des täglichen Arbeitsablaufs*

1. Verwenden Sie zur Feststellung Ihrer täglichen Aktivitäten Stundenpläne (selbst hergestellt oder erworben). Erinnern Sie, welchen Tätigkeiten Sie in der vergangenen Woche (Montag bis Freitag einschließlich) an den einzelnen Tagen und zu den einzelnen Stunden nachgegangen sind (Zeitrahmen von 6:30 Uhr bis 20:00 Uhr). Tragen Sie die Tätigkeiten in das Stundenraster ein und beschreiben Sie die Tätigkeiten möglichst genau.

Beispiel

Dienstag	
07.15 – 07.45	*Wohnung verlassen / Fahrt zur Schule*
07.45 – 08.00	*Lehrerzimmer / Materialien sortiert für den Unterricht in Kl. 7c*
08.00 – 08.45	*Unterricht in Kl. 7c*
08.50 – 09.35	*Freistunde / Gespräch mit Kollegin im Lehrerzimmer*
09.35 – 09.50	*Unterrichtspause / Lehrerzimmer / Gespräch mit Referendar M.*

09.50 – 10.35	*Unterricht in Kl. 10 / Feststellung: Arbeitsblatt 3 + 4 für Lerngruppe nicht kopiert*
10.35 – 10.50	*Lehrerzimmer*
10.50 – 11.20	*Verlassen der Schule / Fahrt zur Wohnung*
11:20 – 12:55	*Vorbereitung des Mittagessens*

2. Ordnen Sie nun in den Stundenplänen der einzelnen Tage die Tätigkeiten bestimmten Tätigkeitsbereichen zu. Kennzeichnen Sie die verschiedenen Bereiche mit unterschiedlichen Farbmakern.
   Gesichtspunkte der Zuordnung:
   a) verpflichtende Tätigkeiten (z. B. Unterrichtsstunde, Unterrichtsnachbesprechung mit dem Fachlehrer, Fahrten Schule / Seminar – Wohnung, Essenszeit, Fachseminar, Unterrichtsvorbereitung für Kl. XX u. a.)
   b) Freizeitaktivitäten (Kollegensport einschließlich der Fahrtzeiten zum / vom Einsatzort u. a.)
   c) sonstige Tätigkeiten (z. B. Gespräch mit Kollegin in Freistunde, Telefonat mit ehemaliger Schulfreundin u. a.)

3. In diesem Schritt setzen Sie die „sonstigen Tätigkeiten“, die in der beschriebenen Woche aufgetreten sind, in Bezug zu den für diese Woche geplanten Arbeitsvorhaben. Bearbeiten Sie die folgenden Aspekte:
   - Haben die sonstigen Tätigkeiten Sie hinsichtlich der Erledigung Ihrer verpflichtenden Tätigkeiten und Ihrer Freizeitaktivitäten in zeitliche Schwierigkeiten gebracht?
   - Hätten Sie die Zeit für die sonstigen Tätigkeiten – bei nachträglicher Beurteilung – für andere Zwecke besser nutzen können?
   - Wenn ja: In welchem Ausmaß hätte das geschehen können? Hätten Sie dadurch die für Samstag bzw. die täglich nach 20:00 Uhr vorgesehenen Arbeiten teilweise oder ganz vorziehen können?
   - Wenn nein: Dann erläutern und begründen Sie kurz die Planung Ihrer Arbeit in der genannten Woche und geben Sie an, inwieweit Sie von vornherein obligatorische Arbeiten für die Zeit am Samstag bzw. nach 20:00 Uhr vorgesehen hatten.

5.5. Ökonomisierung der Zeitplanung

⇨ ***Übung: Selbsteinschätzung der eigenen Zeitökonomie***

Kreuzen Sie das Zutreffende an:

		fast immer	*häufig*	*manch-mal*	*fast nie*
1.	Oft muss ich versuchen, viele Aufgaben fast gleichzeitig zu erledigen.				
2.	Manche Termine kann ich nur im letzten Moment wahrnehmen, da immer etwas dazwischenkommt.				
3.	Ich habe zu viel Papierkram auf meinem Schreibtisch liegen; ich komme kaum dazu, die Papiere zu sortieren.				
4.	Manchmal fehlt mir die nötige Zeit, um das auch zu tun, was ich zu einer bestimmten Zeit machen wollte.				
5.	Unangenehme Arbeiten schiebe ich meistens auf. Unter Termindruck schaffe ich es, diese dann doch noch zu erledigen.				
6.	Texte und Abbildungen für eine Lerngruppe kopiere ich meistens unmittelbar vor Beginn der Unterrichtsstunde aus Lehr- oder Handbüchern.				
7.	Beim Erledigen einer Aufgabe arbeite ich ohne Pause durch, bis ich fertig bin.				

Aufgaben:

- Beurteilen Sie an Hand Ihrer Einschätzungen, ob Sie einer Zeitplanung folgen oder eher von der Zeit „getrieben“ werden. Begründen Sie Ihre Meinung.

- Welche Kriterien müssten Ihrer Meinung nach bei einer Zeitplanung beachtet werden?

5.5.1. Setzen von Prioritäten

Eine Arbeit lässt sich im Hinblick auf einen vorgegebenen oder selbst gewählten (End)Termin planen. Dabei darf die Zeitvorgabe nicht zu eng gefasst werden: Man sollte davon ausgehen, dass Unvorhergesehenes den Zeitplan beeinflussen kann. **Prinzipiell sollte nicht mehr als die Hälfte der zur Verfügung stehenden Zeit verplant werden; der Rest dient als Puffer.** Je nach Wichtigkeit wird man für das Erledigen von Arbeiten eine Reihenfolge festsetzen, weil manche Arbeiten auf Grund geringer Bedeutung auch aufgeschoben werden können (vgl. Kliebisch / Basten 1999; Seiwert 2005 u. 2006; Knoblauch / Wöltje 2006a).

Prioritäten zu setzen ist wichtig, um das Erledigen der wöchentlich anfallenden und täglich zu bewältigenden Arbeiten und Aufgaben zu garantieren. **Die gesetzten Prioritäten müssen dann unbedingt handlungsbestimmend sein**. D. h.: Alle Arbeiten und Aufgaben werden auf die festgelegte Rangfolge ausgerichtet. Die Bedeutung und der Nutzen einer solchen Maßnahme werden durch das **Pareto-Prinzip** (*Vilfredo*

Frederico Pareto 1848-1923) oder 80/20-Regel erkennbar. Nach dieser Regel werden in 20% der zur Verfügung stehenden Zeit 80% der anfallenden Arbeiten und Aufgaben erledigt. Für die restlichen 20% der Arbeit werden aber 80% der zur Verfügung stehenden Zeit aufgewendet. Fazit: Man sollte die anstehende Arbeit / Aufgabe überdenken und den Aufgaben Prioritäten zuordnen. **Es geht also darum, dass man tatsächlich 80% der anfallenden Arbeiten / Aufgaben mit 20% der vorhandenen Zeit erledigt. Man muss und sollte nicht alles wollen!** Man muss den eigenen Perfektionismus also zügeln, um sich nicht mit Arbeiten / Aufgaben aufzuhalten, die eher als nebensächlich anzusehen und meistens auch noch zeitaufwändig sind („Erbsenzählerei"). Man kann sagen: **Perfektionisten sind unökonomisch arbeitende Menschen. Es gilt also: Der Mut zur Lücke bringt uns weiter!**

Um Prioritäten setzen zu können, müssen Arbeiten / Aufgaben zunächst auf ihre Bedeutung hin analysiert und Prioritäten definiert werden. Mittels der **ABC-Methode** ordnet man alle Arbeiten / Aufgaben in drei Kategorien ein:

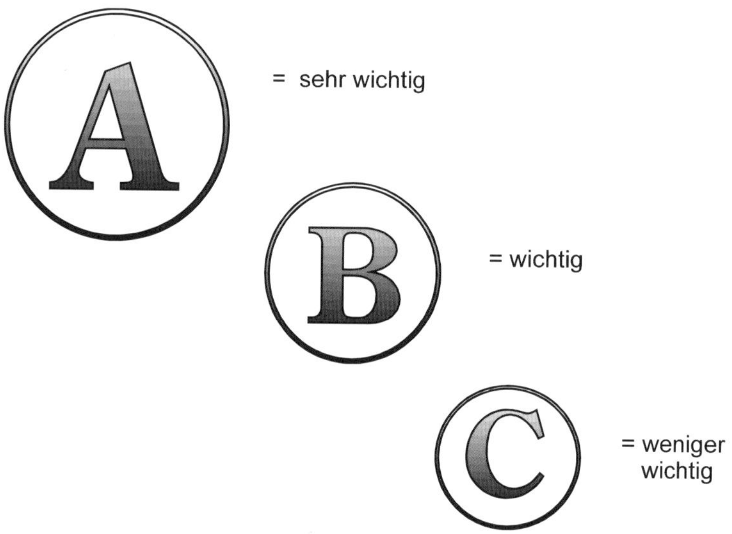

- A – sehr wichtig, hohe Priorität
- B – wichtig, mittlere Priorität
- C – weniger wichtig, geringe Priorität

Bei einer **anderen Methode** setzt man **Wichtigkeit und Dringlichkeit** als bestimmende Faktoren an. In der Kombination dieser beiden Faktoren kommt es insbesondere auf zwei Fälle an: a) Eine Arbeit / Aufgabe ist wichtig und sie ist dringlich. Das ist der Fall der höchsten Priorität. Eine solche Arbeit / Aufgabe sollte möglichst umgehend erledigt werden. b) Im anderen Fall ist die Arbeit / Aufgabe wichtig, aber nicht dringend. Für eine solche Arbeit / Aufgabe legt man einen Termin fest, bis zu dem die Aufgabe spätestens erledigt sein sollte. Im Vergleich verschiedener Arbeiten / Aufgaben ergibt sich danach eine Rangfolge, die für die zeitliche Festlegung maßgeblich ist. Neu aufkommende Arbeiten / Aufgaben sind im Vergleich zu bereits kategorisierten Arbeiten / Aufgaben zu bewerten. Die Zeitplanung muss danach neu erstellt werden. Ändert sich dabei auch der Arbeitsumfang, dann wird zusätzlich Zeit benötigt. Daher ist es wichtig, im Zeitplan stets **Pufferzeiten** auszuweisen. Pufferzeiten sind außerdem notwendig, weil immer damit zu rechnen ist, dass Vorhaben des Arbeitsalltags oder des privaten Bereichs durch Unvorhergesehenes unterbrochen werden. Pufferzeiten sind auch wichtig, um flexibel reagieren zu können und Zeit für neue bzw. spontane Vorhaben zur Verfügung zu haben.

„Dringlichkeit" von Arbeiten / Aufgaben wird im Schulalltag oft durch verschiedene Bedingungen hergestellt. Dabei wird häufig ein Zeitdruck aufgebaut. Oft fallen ganz kurzfristig verschiedene Arbeiten / Aufgaben an, die möglichst gleichzeitig und sofort zu erledigen sind. Dringlichkeit geht immer mit Zeitdruck einher. **Grundsätzlich sollte Dringlichkeit verhindert werden, indem man die Wichtigkeit einer neu hinzugekommenen Arbeit / Aufgabe bewertet.** Dieses schafft die Voraussetzung, die Dringlichkeit einzuschätzen. Durch eine neue Zeitplanung für die anstehenden Arbeiten / Aufgaben kann man sich dann einem unnötigen Zeitdruck entziehen.

Prioritäten zu setzen und Arbeiten / Aufgaben zu terminieren geht damit einher, **im eigenen Arbeitsverhalten Verbindlichkeit herzustellen**. Dies bezieht sich sowohl auf die **Einhaltung der persönlichen Zeitplanung** als auch darauf, seine **Arbeitskapazität gezielt in Anspruch zu nehmen**. **Man kann nicht immer alles machen und auch nicht immer wieder neue Aufgaben übernehmen wollen.** Der Vorteil der Zeitplanung liegt darin, die Erledigung von Arbeiten / Aufgaben als kurz- und mittelfristige Ziele fixieren zu können. Man muss außerdem lernen, **„Störungen" auszuschalten**, die den Fortgang einer laufenden Bearbeitung unterbrechen und diese oft auch unkontrolliert werden lassen. Das Zeitkontingent wird häufig eng, wenn man neue Aufgaben zu schnell akzeptiert und übernimmt. In solchen Fällen ist es zweckmäßig, sich an einige Regeln zu halten:

- Abgleich von Prioritäten mit dem Ziel, den Zeitplan neu zu gestalten

- Mut zur Entscheidung – auch dazu, Aufgaben abzulehnen (Nein-Sagen-Können)
- Ausschalten von Störungen während einer bestimmten Arbeitszeit (keine Telefonate entgegennehmen, nicht telefonieren wollen, für Gespräche nicht zur Verfügung stehen usw.)
- Leerlaufzeiten (= Zeitverschwendung) vermeiden

Die Bedeutung solcher Regeln ist einleuchtend. Es fällt jedoch anfangs schwer, diese auch anzuwenden. Dazu muss man sich einige Zeit bewusst zwingen, bis die Regeln routinemäßig eingehalten werden können. Vorausgehen muss dabei, die eigene Einstellung für ein solches Verhalten zu verändern.

⇨ *Beispiel: Dringlichkeit und Wichtigkeit im Schulalltag*

Ein Beispiel aus dem Schulalltag kann helfen, die Beziehung „Dringlichkeit – Wichtigkeit" aufzuzeigen: Für den Tag X haben Sie sich als Endphase der Korrektur einer Klassenarbeit die Beurteilung der Leistungen vorgenommen. Am darauf folgenden Tag müssen Sie die Noten der Klassenarbeit in die Notenliste eintragen (feststehender Termin). Am Tag X ereignet sich in der Klasse, in der Sie Klassenlehrer sind, im Unterricht eines Kollegen ein schwerwiegender Disziplinarvorfall mit einem Schüler. Ihre Schulleiterin glaubt, dass der Fall am Nachmittag unbedingt mit den Eltern telefonisch abgeklärt werden muss, und fordert Sie auf, das Gespräch zu führen. Aus Erfahrung wissen Sie, dass ein solches Gespräch schwierig sein und lange dauern wird. Was ist in dieser Konstellation von Aufgaben wichtig, was ist dringend? Beide Aufgaben erledigen zu wollen, bedeutet für Sie sowohl mental als auch zeitlich Stress. Einen solchen sollten Sie unbedingt vermeiden.

Was ist zu tun? Sie vergleichen Dringlichkeit und Wichtigkeit und entscheiden sich an Hand der gewonnenen Einschätzung, wie Sie sich verhalten wollen. Beides ist in diesem Falle erforderlich: Sowohl die vergleichende Bewertung als auch die Notwendigkeit, eine Entscheidung zu treffen. Dazu müssen Sie Mut aufbringen. **Sie müssen Mut aufbringen, sich gegen die Stress bedingende Situation zur Wehr zu setzen.** Vermeiden Sie also den Drang, beide Aufgaben „gleichzeitig" erledigen zu wollen! **Nehmen Sie die Konsequenzen in Kauf, die sich durch eine Entscheidung gegen den Stress ergeben.**

Eine **Lösung** könnte so aussehen: Sie bleiben bei Ihrem Vorhaben und beenden die Korrektur der Klassenarbeit mit der abschließend vorzunehmenden Beurteilung. Sie rufen die Eltern des Schülers an und vereinbaren mit diesen – ohne den Vorfall zu erörtern – lediglich einen Gesprächstermin für den folgenden Tag. Gründe gegen das telefonische Erörtern des Falles: Konfliktsituationen können und sollten nicht telefonisch erörtert und beraten werden. Sie benötigen Zeit, die Konfliktsituation zu recherchieren und zu analysieren.

Vorfälle dieser Art kommen im Schulalltag häufig vor. Sie stellen Störungen in einem für das Erledigen der Arbeiten / Aufgaben festgelegten Zeitplan dar. Für die Zeitplanung selbst und für die Einstellung zum eigenen Zeitplan ist daher die Einhaltung der genannten Grundsätze erforderlich.

5.5.2. Regenerationsphasen

Wer fortlaufend arbeitet, arbeitet in der Regel ineffizienter als derjenige, der sich Erholungsphasen gönnt. In der täglichen Arbeit sind es Pausen, die zur erforderlichen Entspannung beitragen können; in den längerfristigen Arbeitsperioden zählt hierzu der Ausgleich durch Freizeitbeschäftigungen, die der Entspannung dienen. Bei der täglichen Arbeit macht fast jeder die Erfahrung, dass Arbeiten, die eine bestimmte Dauer überschreiten, mit fortschreitender Zeit weniger konzentriert und mit geringerem Arbeitstempo ausgeführt werden. Das Arbeitsergebnis wird mit fortschreitender Dauer immer schlechter. **Die tägliche Arbeit braucht ihre Pausen, durch die von Zeit zu Zeit Distanz zur Arbeit geschaffen wird.** Pausen dienen dazu, sich kurzzeitig allen Anforderungen zu entziehen, um sich regenerieren zu können. **Mit klarem Kopf lässt sich anschließend die Arbeit gezielter angehen und erfolgreicher ausführen.** In der zeitlichen Arbeitsplanung sind Pausen ein konstitutives Moment. Pausenzeiten sind daher bei der Zeitbemessung für eine Arbeit zu berücksichtigen.

Pausen dienen der geistigen und der körperlichen Entspannung. Entspannung hebt die Anspannung auf, der man während des Arbeitsvollzugs mehr oder weniger ausgesetzt ist. Physiologisch gesehen werden durch Entspannung die bei der Arbeit mobilisierten geistigen und körperlichen Funktionen auf ein dem eigenen Körper entsprechendes Niveau zurückgefahren. Dadurch wird einer möglichen Stresssituation vorgebeugt; denn nichts ist stressiger als das Gefühl, intensiv zu arbeiten, aber nicht fertig zu werden. Ein solches Gefühl stellt sich mit zunehmender Ermattung immer stärker ein.

Erzwungene Arbeitsunterbrechungen, die auf Grund von „Störungen" zustande kommen, sind allerdings nicht als Pausen anzusehen, da sie nicht zu der erforderlichen Regeneration führen. Dadurch wird eher Hektik erzeugt, weil der Arbeitsrhythmus in unvorhergesehener Weise gestört wird. Daher sind Unterbrechungen durch Störungen zu vermeiden. Vor allem für anspruchsvollere Arbeiten **ist die Arbeitszeit so einzurichten, dass Störungen ausgeschlossen werden können**. Auch die **Zeit des Feierabends** ist im Voraus festzulegen. Sie kann täglich variieren. Ist diese jedoch erreicht, dann ist sie bedingungslos einzuhalten. Unerledigtes wird konsequenterweise für den folgenden Tag eingeplant, so dass dadurch ein endgültiger Abschluss der Arbeitszeit gegeben ist.

Im täglichen Arbeitsplan sollte man versuchen, seine persönliche **Leistungskurve** und seinen **Biorhythmus** zu beachten (vgl. Spork 2004). Bei allen individuellen Unterschieden lässt sich folgende Gesetzmäßigkeit feststellen. Ein besonderes Leistungshoch liegt am Vormittag in der Zeit zwischen 9 und 11 Uhr. Nach einem Leistungsabfall am frühen Nachmittag steigt die Leistungskurve am späten Nachmittag wieder an und erreicht ein zweites Tageshoch in der Zeit zwischen 19 und 21 Uhr. Danach fällt die Leistungskurve wieder ab. In der Leistungssenke am Nachmittag ist ein kurzes Nickerchen angebracht (Mittagsschlaf). Versuche haben gezeigt, dass Probanden danach wieder sehr lange geistig fit und konzentriert arbeiten können.

5.5.3. Planungsmaßnahme: Strukturierung von Arbeitsvorhaben

Vielen Lehrern fehlt häufig der Antrieb, eine Arbeit anzupacken und zu erledigen, viele haben oft keinen Spaß an ihrer Arbeit. Das hat in der Regel seine Ursache darin, dass die Lehrer durch den Umfang oder durch die Komplexität der Arbeit bedrückt sind: Man kann das Ende der Arbeit kaum vorhersehen oder man weiß nicht so recht, wie man anfangen soll. Auch wenn man bei wiederkehrenden Arbeiten mit diesen Merkmalen bereits eine gewisse Routine entwickelt hat, ist eine solche Arbeit dennoch häufig mit Unlust verbunden. Man ist – z. B. bei der Korrektur von

Klassen- oder Kursarbeiten im Fach Deutsch – gar nicht so begierig darauf zu erfahren, welche mehr oder weniger qualifizierten Ideen und Argumente die Schüler zum gestellten Thema vorbringen. Man sieht einen Berg von Heften vor sich, die man innerhalb einer bestimmten Zeit korrigieren muss; und die übrigen Dienstverpflichtungen müssen parallel dazu auch erledigt werden. Und man weiß, dass für jede Schülerarbeit eine Beurteilung getroffen und schriftlich begründet werden muss.

„Salami"-Taktik als Strukturierungsmaßnahme

Lernbiologie und Arbeitspsychologie liefern einige Grundsätze, die auf die Behandlung von umfangreichen und komplexen Arbeiten erfolgreich angewendet werden können. Dazu zählt z. B. die sogenannte „Salami-Taktik". **Komplexe Arbeiten werden nach dem Divide-and-Conquer-Prinzip in überschaubare Schritte zerlegt.** Diese Schritte werden in einer festgelegten Reihenfolge abgearbeitet. Dabei kann es bei der Portionierung um eine lineare Schneidung des Arbeitsumfanges gehen; es kann sich auch um die Festlegung von elementaren oder funktionalen Einheiten handeln. Das gilt auch für umfangreiche Aufgaben, zu deren Erledigung ein erheblicher Zeitaufwand erforderlich ist. Auch umfangreiche Aufgaben können bei Zeitdruck demotivieren (vgl. a. Vester 1998).

Elefanten verspeist man also in kleinen Häppchen. Kleinere Einheiten, die man in kurzer Zeit erledigen kann, führen zu einer **kurzen (positiven) Feedbackschleife** und damit zur Motivation für die Arbeit. Man hat etwas geschafft; dadurch wird das Gefühl vermittelt, erfolgreich gearbeitet zu haben. Erfolgserlebnisse spornen an für die weitere Arbeit, die entsprechend leichter von der Hand geht. Das Gegenteil ist der sogenannte „Gewaltmarsch", auch wenn er wiederholt unterbrochen wird. Jede Unterbrechung lässt in diesem Fall stets etwas Unvollendetes zurück; das Gefühl, das dabei entsteht, bedrückt (demotiviert).

Grundsätzlich liefert die „Salami-Taktik" die Voraussetzung dafür, den Arbeitsaufwand für die einzelnen Arbeitsschritte nach eigenen Vorstellungen zu bestimmen, einen geeigneten Zeitplan zu erstellen und den Endtermin selbst festzulegen, bis zu dem die Arbeit erledigt sein muss. Damit lässt sich festhalten, was wann erledigt sein soll. **Folgt man diesem Plan, dann kann man die sonstige Zeit getrost für andere Dinge vorsehen, ohne dabei ein schlechtes Gewissen zu bekommen.**

„Skelett vor Detail“ als Strukturierungsmaßnahme

Eine andere Maßnahme mit ähnlicher Zielsetzung lautet „Skelett vor Detail“. Ein Skelett verschafft Übersicht über das Ganze. Das „Skelett“ lässt sich mit bereits vorhanden Informationen und Erkenntnissen in Beziehung setzen. Dadurch wirkt Komplexes und Unübersichtliches vertrauter. Das „Skelett“ wird sich auf vielen Ebenen im Gehirn verankern und ein empfangsbereites Netz für später angebotene Details schaffen; so kann man die neuen Details besser aufnehmen, weil sie besser eingeordnet werden können. Daraus folgt: **Man erschließt ein Arbeitsvorhaben / eine Aufgabe zunächst dadurch, dass man die jeweilige Struktur zu erfassen versucht.** Die Struktur einer Arbeit / Aufgabe findet sich nicht von selbst. Man ermittelt die Struktur, indem man die anstehende Arbeit / Aufgabe auf das Anliegen bzw. den Abnehmer bezieht und sich dabei auf das Wesentliche ausrichtet. **Dieses ist ein subjektiver Zugriff;** er charakterisiert das individuelle Vorgehen. Eine Arbeit oder Aufgabe liefert aber auch unter den Gesichtspunkten „Anliegen“ und „Abnehmer“ selbst Hinweise auf eine mögliche Strukturierung (vgl. a. Vester 1998).

Verschränkung von Arbeitsvorhaben

Die Strukturierung, wie sie oben beschrieben ist, bietet die Möglichkeit, die Arbeit an einem Vorhaben in Portionen nacheinander durchzuführen, und zwar in einem zeitlich festgelegten Rahmen mit geplanten Unterbrechungen. **Darüber hinaus können die Unterbrechungsphasen durch einen Wechsel auf andere Arbeitsfelder für andere Vorhaben genutzt werden.** Dieses schafft die Möglichkeit, die vorhandene Arbeitszeit insgesamt besser nutzen zu können. Die Abwechslung erhält die erforderliche Konzentration und vermittelt neue Motivation, auch wenn insgesamt ein intensiveres Arbeitsprogramm zu erledigen ist. Zu langes Arbeiten an einer Sache führt zu Ermüdungserscheinungen durch zu große Anspannung und auch durch den Gewohnheitseffekt bei auftretender Gleichartigkeit.

Auch bei einer Verschränkung lässt sich jeder Einzelauftrag termingereicht erledigen, weil in einem vorher festgelegten Zeitraster gearbeitet wird. Durch den Wechsel der Arbeitsfelder gewinnt die Arbeit für jedes der Einzelvorhaben an Effizienz. Die Strukturierung eines Vorhabens und die Bearbeitung der Einheiten in zeitlich aufeinander abgestimmten Phasen haben den Vorteil, dass keine Stresssituation entsteht; man gerät – in der Regel – nicht in Zeitnot. **Insgesamt wird bei der Inte-**

gration verschiedener Arbeitsvorhaben in einem Zeitraster meistens ein Zeitgewinn erzielt.

Ein Zeitraster hat seine Tücken, wenn man keine Ausgleichszeiten vorsieht für den Fall, dass im Blick auf ein Vorhaben oder eine Teilaufgabe wider Erwarten die vorgesehene Zeit – aus welchen Gründen auch immer – nicht eingehalten werden kann. Der Arbeitsaufwand und die dazu benötigte Zeit sind jedoch in jeder Zeitphase zu kontrollieren. Die Zeitplanung ist bei Bedarf unmittelbar zu korrigieren bzw. zu modifizieren. Um erfolgreich die Zeitplanung zur Gestaltung der weiteren Arbeit nutzen zu können, ist es wichtig, ein abgeschlossenes Vorhaben hinsichtlich der Strukturierung und der Zeiteinteilung nachträglich zu beurteilen (**Meta-Planung**). Das Ergebnis der Meta-Planung kann man nutzen, um die Zeitplanung für weitere Arbeitsvorhaben zu optimieren. Grundsätzlich gilt: Klarheit muss über die Aufgabe / den Arbeitsauftrag selbst bestehen; die Zielsetzung des Anliegens muss also klar gefasst sein. Darüber hinaus muss der Arbeitsumfang erkennbar sein bzw. festgelegt werden.

⇨ Übung: ***Arbeitsvorhaben in Teilaufgaben zergliedern –***
Vortrag über Reihenplanung bzw. Kooperation unter Lehrern

Als Referendar werden Sie aufgefordert, für die kommende Woche im Fachseminar eines Ihrer Fächer einen Vortrag zu halten. Ihr Thema: „Die Reihenplanung zum Inhalt Ihres bedarfsdeckenden Unterrichts im Fach X in der Klasse 9 für das kommende Schuljahr“

Oder:

Sie haben als Lehrer gerade an einer Fortbildungsveranstaltung teilgenommen. Von der Schulleitung erhalten Sie den Auftrag, für die Erörterung des schulinternen Entwicklungsprogramms auf einer Konferenz in der kommenden Woche einen Vortrag zu halten. Das Thema: „Lehrerfortbildungen und ihre Wirkung auf die Kooperation der Lehrer/innen“

1. Überlegen Sie, welche Punkte Sie dabei bearbeiten werden (maximal: 5-Punkte-Plan). Ermitteln Sie den Zeitbedarf für die einzelnen Bearbeitungspunkte.

Arbeits-/Teilschritte	Zeitbedarf (Stunden / Minuten)
1.	
2.	
3.	

4.	
5.	

2. Stellen Sie Ihre Tagesplanungen für die Zeit bis zum Tag des Vortrages an Hand der täglich anfallenden bzw. zu erledigenden Arbeiten / Aufgaben auf und versuchen Sie, die Bearbeitung des Vortrages in die Zeitplanung einzuordnen.

Datum	Teilschritt	von .... bis

⇨ **Profitipp**

Falls Sie konkrete Zeitpläne vorliegen haben, sollten Sie die Konsequenzen beurteilen für den Fall, dass Sie keine oder nicht ausreichend Pufferzeiten berücksichtigt haben.

⇨ Übung: Arbeitsvorhaben in Teilaufgaben zergliedern – Korrektur und Beurteilung einer Klassenarbeit

Entweder: Sie haben bereits Erfahrungen mit der Korrektur und Beurteilung von Arbeiten. Oder: Sie stehen zum ersten Male vor der Aufgabe, eine Klassenarbeit korrigieren und bewerten zu müssen.

Aufgabe: Entwickeln Sie einen Plan, wie Sie bei der Korrektur vorgehen / vorgehen wollen. Überlegen Sie mindestens drei und höchstens acht Teilschritte.

Arbeits-/Teilschritte	Zeitbedarf (Stunden / Minuten)
1.	
2.	
3.	
4.	
5.	
6.	
7.	
8.	

⇨ *Beispiel: Planung einer Unterrichtsstunde in 60 Minuten*
(Prinzip „Skelett vor Detail“)

Ausgangssituation: Eine Unterrichtsstunde ist als geschlossen zu bezeichnen, wenn einige wichtige Strukturelemente realisiert werden: Zielentscheidung – Anbahnung (Problemorientierung) – Bearbeitung – Ergebnissicherung und Vernetzung (Strukturierungsvorschlag auf Grund von Erfahrung).

Vorgehensweise:

1. Festlegung des Zeitrahmens für die Planung
2. Entscheidungen über die Inhalte der Strukturelemente
3. Anschlussarbeiten (Beschaffung der Materialien) (Wann? Wie? Wo?)

Zu 1): Festlegung des Zeitrahmens für die Planung
Annahme: Als Zeit stehen 60 Minuten zur Verfügung.
Diese Zeit wird willkürlich in folgender Weise für die Bearbeitung aufgeteilt:

- Bereitstellung von Orientierungshilfen (z. B. Schülerbuch, Handbuch für Lehrer usw.): 5 Minuten
- Zielentscheidung: 15 Minuten
- Anbahnung / Einstieg: 10 Minuten
- Bearbeitungsphase: 10 Minuten
- Ergebnissicherung (inkl. Präsentation): 10 Minuten
- Vernetzung: 10 Minuten

Zu 2): Entscheidungen über die Inhalte der Strukturelemente
Ausgangslage: Eine bestimmte Lerngruppe in einem Ihrer Fächer.
Hier z. B. Klasse 7b (Erdkunde) [Mittwoch, 4. Unterrichtsstunde]

- Bereitstellung der Orientierungshilfen
- Zielentscheidung
    - Wählen Sie einen Unterrichtsgegenstand und formulieren Sie dazu ein mögliches Anliegen.
    - Wählen Sie drei bis fünf Lernziele auf der kognitiven Ebene (deklarative und prozedurale Wissensebene).
    - Formulieren Sie das Thema für die konkrete Unterrichtsstunde.

⇨ **Profitipp:**

Es ist wichtig, dass Sie die Zeitvorgaben einhalten. Sie müssen also schnell Entscheidungen treffen. Sie müssen bei den Entscheidungen bleiben, auch wenn Sie mit diesen nicht unbedingt zufrieden sind.

➢ Anbahnung / Einstieg

- Überlegen Sie zwei Möglichkeiten der Hinführung auf den Sachverhalt / auf das Thema (z. B. Bild, provokante Frage); entscheiden Sie sich für eine Alternative.
- Formulieren Sie die leitende Fragestellung (Problemfrage).
- Beschreiben Sie die Überleitung zur Bearbeitungsphase.

➢ Bearbeitungsphase

- Wählen Sie die Sozialformen für die Unterrichtsstunde (Bezug: Anliegen / Ziele).
- Entscheiden Sie über die Handlungsmuster / Funktion der Lehrperson.
- Bestimmen Sie die Aufgabenstellung.
- Bestimmen Sie die Arbeitsunterlagen (Materialien, Medien, Arbeitsaufträge usw.).

➢ Ergebnissicherung (inkl. Präsentation)

- Entscheiden Sie über die Art der Ergebnispräsentation.
- Überlegen Sie, wie Sie die Auswertung der Ergebnisse gestalten wollen.
- Legen Sie fest, welche Art der Visualisierung Sie verwenden wollen.

➢ Vernetzung

- Bestimmen Sie, welche Art der Vernetzung Sie durchführen wollen (Anwendung, Kritik, Lösungsfindung usw.).
- Überlegen Sie inhaltliche Aspekte / Fragen / Problemstellungen, die Sie in der Phase einbringen wollen.
- Entscheiden Sie über das Vorgehen (die Methode) in dieser Phase.
- Definieren Sie die Lehrerrolle für diese Phase.

Zu 3): Anschlussarbeiten (Beschaffung der Materialien) (Wann? Wie? Wo?)
Sie haben sich für den Einsatz eines bestimmten Arbeitsmaterials im Unterricht entschieden. Eine entsprechende Vorlage liegt Ihnen in den Handreichungen eines an der Schule offiziell benutzten Lehrwerks vor. Gegebenenfalls müssen Sie außerdem ein vorgesehenes Arbeitsblatt schülergerecht gestalten. Für den Einstieg haben Sie ein geeignetes Bild in einem Bildband gefunden. Sie müssen nun die Arbeitszeit festlegen, die Sie für die einsatzbereite Anfertigung aller Unterlagen im Unterricht benötigen. Dazu gehört auch die Klärung folgender Fragen: Wo wird kopiert? Wann wird kopiert? Kann ich eventuell diese Arbeit mit anderen Arbeiten gleichzeitig erledigen? Die für diese Tätigkeiten nötige Zeit überschreitet das Kontingent von 60 Minuten.

Anmerkungen:

a.) **Diese Kurzplanung macht Sie im Unterricht handlungsfähig**, auch wenn einige Details noch ungeklärt sind. Sie wissen, über welchen Sachverhalt und mit welchem Ziel und auf welchem Wege und mit welchem Material die Schüler sich auseinandersetzen sollen. Für die Steuerung des Unterrichtsgeschehens haben Sie die wichtigen Gelenkstellen im Blick.

b.) **Die Zeit von 60 Minuten sollten Sie auf keinen Fall überschreiten**, auch wenn mehr Zeit für die Planung einer Stunde zur Verfügung steht. Die darüber hinaus zur Verfügung stehende Zeit wird zur Bearbeitung der erforderlichen Details genutzt. Dabei sollten Sie sich zunächst nur auf ein Strukturmoment und auf wenige Details hierzu konzentrieren. Die weitreichendere Auseinandersetzung mit ausgewählten Details verschafft Ihnen die Möglichkeit, sich eine größere Variabilität in der gewählten Sache aneignen zu können.

c.) **Ihre Entscheidungen sollten Sie in jedem Fall schriftlich festhalten.** Das Dokument hilft bei der Evaluation Ihres Unterrichts und ist damit Grundlage der Evaluation Ihrer Unterrichtsarbeit. Sie sollten das Verfahren so weit einüben, dass Sie die Planungszeit z. B. auf 45 Minuten verkürzen können. Mit größer werdender Routine können Sie – je nach Thema – eine Vorbereitungszeit von 30 Minuten erreichen. Als vollbeschäftigter Lehrer müssen Sie später im Durchschnitt fünf Unterrichtsstunden pro Tag vorbereiten; bei 30 Minuten Vorbereitungszeit pro Unterrichtsstunde sind dies 2½ Zeitstunden täglich. Dazu kommen weitere Arbeiten für Unterricht und Schule. Insbesondere ist auch Zeit für die Zusammenstellung und Bereitstellung der Unterrichtsmaterialien vorzusehen. Bei Einsatz von Experimenten im naturwissenschaftlichen Unterricht sollten Sie – auch bei vorhandener Routine – je Unterrichtsstunde zusätzlich etwa 45 Minuten für die Vorbereitung der experimentellen Arbeit kalkulieren.

5.6. Arbeitsanregungen

Zeit-Management

Planen Sie eine Unterrichtsstunde in einem Ihrer Fächer für eine Klasse in der Sekundarstufe I nach der 60-Minuten-Methode. Beschreiben und bewerten Sie die möglicherweise dabei auftretenden Schwierigkeiten.	
Entwickeln Sie ein „Skelett" für die Planung einer Unterrichtsreihe.	
Arbeitsökonomen empfehlen, bei der Durchführung von Arbeiten häufiger die Arbeitsbereiche zu wechseln. Was halten Sie davon? Begründen Sie Ihre Einschätzung.	
„Klassenarbeiten / Klausuren soll man in möglichst kurzer Zeit korrigieren". Was ist darunter zu verstehen? Wie sinnvoll ist diese Absicht?	
Die Strukturierung eines Arbeitsvorhabens vor der Bearbeitung wird auch als Motivationsstrategie bezeichnet. Wie berechtigt ist diese Bezeichnung?	

„Am Ende eines Arbeitstages ist es erforderlich, einen Ist-Soll-Vergleich herzustellen." Erörtern Sie diese Aussage.	
Inspektor Columbo – eine Figur einer amerikanischen Krimi-Serie – hat bei seinen Recherchen meist seinen Notizblock in der Hand (er notiert, er schaut nach). Prüfen Sie, ob es sich bei diesem Tun um eine Arbeitsstrategie handeln könnte.	
„Jeder Zeitplan muss genau überwacht werden." Versuchen Sie, eine Begründung für diese Aussage zu finden.	
„Eine systematische Strukturierung von Arbeitsvorhaben / Aufgaben kann auch zur Lösungsfindung führen." Was meinen Sie zu dieser Aussage?	
Bei komplexen / komplizierten Arbeiten / Aufgaben gilt: Erst Vorsortieren, dann Abstand gewinnen. Erläutern und begründen Sie diese Regel.	
„Zeit-Management bedeutet produktiver, nicht schneller zu arbeiten." Versuchen Sie, eine Erklärung für diese Aussage zu geben.	

„Eine unklare Zielausrichtung ist die Ursache für eine unklare Zeitplanung." Nehmen Sie Stellung zu dieser These.	
„Stress entsteht, wenn die notwendige Distanz zur Aufgabe / Arbeit fehlt." Versuchen Sie, eine Begründung für diesen Satz zu geben.	
Nennen und erläutern Sie Maßnahmen, die Sie vor einem Zeitstress bewahren können.	
Zum Zeit-Management gehört es auch, a.) sich Zeit zum Nachdenken zu gewähren und b.) sich Zeit für sich selber zu nehmen. Versuchen Sie, eine Begründung dafür zu geben.	
Zwei wichtige Tipps im Rahmen des Zeit-Managements sind: *„Mach mal Pause."* und *„Mach am Feierabend einen dicken Punkt."* Sollte man diese Tipps befolgen, wenn die täglichen Arbeiten / Aufgaben noch nicht erledigt sind?	
„Erledigtes verschafft ein Erfolgserlebnis. Unerledigtes zerrt an den Nerven – auch nach Feierabend." Versuchen Sie, diese Aussagen zu begründen. Mit welchen Folgen ist in den beiden Fällen gegebenenfalls zu rechnen?	

6.

Literatur-verzeichnis

„Die Schule ist ein überdimensioniertes
Belohnungssystem.
Fast alles, was die Schüler tun,
fließt in Leistungsbeurteilungen ein.“

(Hilbert Meyer)

Adler, A. (2006): Praxis und Theorie der Individualpsychologie. 12. Aufl. Frankfurt / M.
Baacke, D. (2001): Die 6- bis 12jährigen. Einführung in Probleme des Jugendalters. 4. Aufl. Weinheim
Baacke, D. (2003): Die 13- bis 18jährigen. Einführung in Probleme des Jugendalters. 6. Aufl. Weinheim
Baacke, D. (2004): Jugend und Jugendkulturen. Darstellung und Bedeutung. Weinheim / München
Balke, S. (2003): Die Spielregeln im Klassenzimmer: Das Trainingsraum-Programm. 2. Aufl. Bielefeld
Bandler, R. (2002):Veränderung des subjektiven Erlebens. Fortgeschrittene Methoden des NLP. 6. Aufl. Paderborn
Bandler, R. / Grinder, J. (2005): Metasprache und Psychotherapie. Die Struktur der Magie I. 11. Aufl. Paderborn
Bandura, A. (1976): Lernen am Modell. Stuttgart
Bastian, J. / Combe, A. / Langer, R. (2005): Feedback-Methoden. 2. Aufl. Weinheim
Becker, G. E. (2006): Lehrer lösen Konflikte. Ein Studien- und Arbeitsbuch. Weinheim
Blumer, H. (1986): Symbolic Interactionsm. Perspective and Method. Berkely
Bohl, T. (2006): Prüfen und Bewerten im Offenen Unterricht. Weinheim
Bosse, D. (2004): Unterricht, der Schülerinnen und Schüler herausfordert. Bad Heilbrunn
Bovet, S. / Huwendiek (2004) (Hrsg.): Leitfaden Schulpraxis. 4. Aufl. Berlin
Brüning, L. / Saum, T. (2006): Erfolgreich unterrichten durch Kooperatives Lernen. Strategien zur Schüleraktivierung. Mit einem Vorwort von Kathy und Norm Green. Essen
Cameron-Bandler, L. (2005): Die Intelligenz der Gefühle. Grundlagen der Imperative Self Analysis I. 4. Aufl. Paderborn
Canori-Stähelin, S. / Schwendener, M. (2006): Mediation macht Schule. Der Weg zu einer konstruktiven Konfliktkultur. Zürich
Caswell, C. / Neill, S. (2004): Körpersprache im Unterricht. Münster
Claßen, A. / Nießen, K. (2006): Das Trainingsraum-Programm. Unterrichtsstörungen pädagogisch auflösen. Klasse 5-10. Lichtenau
Cohn, R. (2004): Von der Psychoanalyse zur themenzentrierten Interaktion. 15. Aufl. Stuttgart
Deutsch, M. (2000): The Handbook of Conflict Resolution. Theory and Practice. San Francisco
Dewey, J. (2000): Demokratie und Erziehung. 2. Auf. Weinheim
Dreikurs, R. (2003): Psychologie im Klassenzimmer. 2. Aufl. Stuttgart
Dreikurs, R. / Grundwald, B. B. / Pepper, F. C. (2003): Lehrer und Schüler lösen Disziplinprobleme. 9. Aufl. Weinheim
Edling, L. (2004): Schüler/innen lösen ihre Konflikte. Eine einfache Methode. Lichtenau
Ellis, A. (2006): Training der Gefühle. Wie Sie sich hartnäckig weigern, unglücklich zu sein. Heidelberg
Ellis, A. / Schwartz, D. / Jacobi, P. / Sann, U. (2004): Coach dich! Rationales Effektivitätstraining zur Überwindung emotionaler Blockaden. Würzburg
Erikson, E. H. (2003): Identität und Lebenszyklus. Frankfurt
Franz, H.-W. / Kopp, R. (2003): Kollegiale Fallberatung. Köln
Freud, S. (1992): Das Ich und das Es. Metapsychologische Schriften. Einl. v. Alex Holder. Frankfurt / Main

Freud, S. (1994a): Abriss der Psychoanalyse. Frankfurt / M.
Freud, S. (1994b): Schriften über Träume und Traumdeutungen. Frankfurt / M.
Freyaldenhoven, I. (2005): Schule in der Krise? Psychologische Beratung als Antwort! Theoretische und praktische Hinweise für eine gelingende Schulberatung – lösungsorientiert und individuell. Stuttgart
Friedrichs, B. (2004): Kinder lösen Konflikte. Hohengehren
Geisselhart, R. R. / Hofmann, C. (2006): Stress ade. Die besten Entspannungstechniken. 4. Aufl. Freiburg
Geißler, K. A. (2006): Wart' mal schnell. Wie wir der Zeit ein Schnippchen schlagen. Freiburg
Gordon, T. (1994): Lehrer-Schüler-Konferenz: Wie man Konflikte in der Schule löst. München
Gordon, T. (2002): Die neue Beziehungskonferenz. Effektive Konfliktbewältigung in Familie und Beruf. München
Green, N. (2006): Kooperatives Lernen. www.learnline.nrw.de/angebote
Green, N. / Green K. (2005): Kooperatives Lernen im Klassenraum und im Kollegium. Das Trainingsbuch. Seelze
Grell, J. (2001): Techniken des Lehrerverhaltens. 15. Aufl. Weinheim / Basel
Grewe, N. / Wichterich, H. (2005): Handbuch Beratungslehrer in der Praxis. Neuwied / Frankfurt/M.
Gudjons, H. (2003): Handbuch Gruppenunterricht. 2. Aufl. Weinheim
Gugel, G. (2006): Methoden-Manual „Neues Lernen". Weinheim
Heller, K. / Nickel, H. / Neubauer, W. (1980): Psychologie in der Erziehungswissenschaft – Ein Studienprogramm. Band I: Verhalten und Lernen. 3. Aufl. Stuttgart
Heidemann, R. (2002): Körpersprache im Unterricht. Wiebelsheim
Helmke, A. (2003): Unterrichtsqualität. Erfassen, Bewerten, Verbessern. Seelze
Hillenbrand, C. (2003): Didaktik bei Unterrichts- und Verhaltensstörungen. 2. Aufl. Stuttgart
Homberger, D. (2005): Lexikon Schulpraxis. 2. Aufl. Baltmannsweiler
Huber, A. (2004) (Hrsg.): Kooperatives Lernen – kein Problem. Leipzig u.a.
Huschke-Rhein, R. (2003): Einführung in die systemische und konstruktivistische Pädagogik. München u. a.
Johnson, D. W. / Johnson, R. T. / Holubec, E. J. (2005): Kooperatives Lernen – Kooperative Schule. Mülheim
Jürgens, B. (2005): Schwierige Schüler? Disziplinkonflikte in der Schule. Baltmannsweiler
Kaeding, P. / Richter, J. / Siebel, A. / Vogt, S. (Hrsg.) (2005): Mediation an Schulen verankern. Weinheim
Klafki, W. (2002): Die bildungstheoretische Didaktik. In: Gudjons, H. / Winkel, R.: Didaktische Theorien. Hamburg. 13-34
Kliebisch, U. (1995): Das Anti-Streß-Programm. Ein Trainingsbuch zur psychologischen Selbst-Hilfe. Essen
Kliebisch, U. (1996): Psycho-Coaching. NLP und andere Power-Programme für Ihre Zukunft. Baltmannsweiler
Kliebisch, U. / Basten, K. H. (1999): Konflikt- und Zeit-Management für Lehrerinnen und Lehrer. Baltmannsweiler
Kliebisch, U. / Basten, K. H. / Schmitz, P. (2001): Methodentrainer Sekundarstufe I. Berlin
Kliebisch, U. / Meloefski, R. (2007): LehrerSein. Pädagogik für die Praxis. 3. überarb. und erw. Aufl. Baltmannsweiler

Kliebisch, U. / Schmitz, P. (1999): Workshop Schule. Moderation – Kooperation. Baltmannsweiler
Kliebisch, U. / Schmitz, P. (2005): Besser beraten. Gespräche mit Eltern, Schülern und Kollegen. Lichtenau
Klippert, H. (2006): Lehrerentlastung. 2. Aufl. Weinheim
Klippert, H. (2005a): Methoden-Training. 15. Aufl. Weinheim
Klippert, H. (2005b): Kommunikations-Training. 10. Aufl. Weinheim
Knoblauch, J. / Wöltje, H. (2006a): Zeitmanagement. 2. Aufl. Freiburg
Knoblauch, J. / Wöltje, H. (2006b): Zeitmanagement. Perfekt organisieren mit Zeitplaner und Handheld. 2. Aufl. Freiburg
Konrad, K. / Traub, S. (2005): Kooperatives Lernen. Baltmannsweiler
Kopietz, C. / Schäfer, R. (2006): Fit für die Streitschlichtung. Eine Ausbildung in 7 Bausteinen. Lichtenau
Kretschmann, R. (2006): Stressmanagement für Lehrerinnen und Lehrer. Trainingsbuch. 2. Aufl. Weinheim
Lazarus, A. A. (2006): Innenbilder. Imagination in der Therapie und als Selbsthilfe. Stuttgart
Lazarus, R. S. (1999): Stress and Emotion. An New Synthesis. London
Lazarus, R. S. / Aldwin, C. M. (2000): Stress, Coping, and Development: An Integrative Perspective. New York
Lazarus, R. S. / Lazarus, B. N. (2006): Coping with Aging. Oxford
Lazarus, A. A. / Lay, R. (2001): Ich kann, wenn ich will. Anleitung zur psychologischen Selbsthilfe. Neuauflage. München
Lay, R. (1991): Ethik für Wirtschaft und Politik. München
Leitl, J. (2006): Die Auswirkungen des Selbstkonstrukts auf die Beurteilung eigener Leistungen. Hamburg
Lewin, K. / Lippit, R. / White, R. K. (1939): Patterns of aggressive behavior in experimentally created social climates. Journal of Social Psychology 10, 271-301
Lohmann, G. (2005): Mit Schülern klarkommen: Professioneller Umgang mit Unterrichtsstörungen und Disziplinkonflikten. 3. Aufl. Berlin
Malik, F. (2005): Führen, Leisten, Leben. Wirksames Management für eine neue Zeit. München
Mead, G. H. (2005): Geist, Identität und Gesellschaft aus der Sicht des Sozialbehaviorismus. Frankfurt / M.
Meyer, H. (2005): Was ist guter Unterricht? 2. Aufl. Berlin
Miehe, K. / Miehe, S.-O. (2004): Praxishandbuch Cooperative Learning. Meezen
Mohl, A. (2006): Der Zauberlehrling. Das NLP Lern- und Übungsbuch. 9. Aufl. Paderborn
Müller, E. (2006): Wenn der Wind über Traumwiesen weht. Die schönsten Phantasiereisen, Märchen und Meditationen. Frankfurt
Müller, F. (2006): Selbstständigkeit fördern und fordern. Weinheim
Musil, R. (2004): Schule ohne Stress. 99 Tipps für genervte LehrerInnen. Neuried
Myschker, N. (2005): Verhaltensstörungen bei Kindern und Jugendlichen: Erscheinungsformen, Ursachen, Maßnahmen. 5. Aufl. Stuttgart
Neubauer, W. F. / Gampe, H. / Knapp, R. (1999): Konflikte in der Schule. 5. Aufl. Neuwied
Nolting, H. P. (2005a): Störungen in der Schulklasse. 5. Aufl. Weinheim
Nolting, H. P. (2005b): Lernfall Aggression. Wie sie entsteht – wie sie zu vermindern ist. Reinbek
O' Donohue, W. / Ferguson, K. E. (2001): The Psychology of B. F. Skinner. London

Pawlow, I. P. (2006): Die höchste Nerventätigkeit von Tieren. Köln
Petermann, U. (2005): Entspannungstechniken für Kinder und Jugendliche. Ein Praxisbuch. 4. Aufl. Weinheim
Piaget, J. (2002): Das Erwachen der Intelligenz beim Kinde. 5. Aufl. Stuttgart
Rademacher, B. (2004): Eltern & Lehrer in konstruktiver Zusammenarbeit. Lichtenau
Rademacher, B. (2005): Das 8 x 8 der konstruktiven Konfliktarbeit. 8 x 8 Antworten auf 64 Fragen. Lichtenau
Riemann, F. (2006): Grundformen der Angst. Eine tiefenpsychologische Studie. 36. Aufl. München
Rogers, C. R. (2004): Therapeut und Klient. 18. Aufl. Frankfurt
Rogers, C. R. (2005a): Die klientenorientierte Gesprächspsychotherapie. 17. Aufl. Frankfurt
Rogers, C. R. (2005b): Entwicklung der Persönlichkeit. Psychotherapie aus der Sicht eines Therapeuten. 15. Aufl. Stuttgart
Rogers, C. R. (1989): Freiheit und Engagement. Personenzentriertes Lehren und Lernen. Frankfurt / M.
Rogers, C. R. (1984): Lernen in Freiheit. Zur Bildungsreform in Schule und Universität. München
Schäfer, C. D. (2006): Wege zur Lösung von Unterrichtsstörungen. Jugendliche verstehen – Schule verändern. Hohengehren
Schäfer, K.-H. / Schaller, K. (1985): Kritische Erziehungswissenschaft und kommunikative Didaktik. Berlin u. a.
Schulz v. Thun, F. (2006): Miteinander reden 1. Störungen und Klärungen. Allgemeine Psychologie der Kommunikation. 2. Stile, Werte und Persönlichkeitsentwicklung. Differentielle Psychologie der Kommunikation. 3. Das „Innere Team“ und situationsgerechte Kommunikation. Reinbek
Schulz, W. (2002): Die lehrtheoretische Didaktik. In: Gudjons, H. / Winkel, R.: Didaktische Theorien. Hamburg. 35-56
Seifert, J. W. (2003): Moderation und Kommunikation. 5. Aufl. Bremen
Seifert, J. W. (2005): Visualisieren – Präsentieren – Moderieren. 22. Aufl. Bremen
Seiwert, L. J. (2006): Noch mehr Zeit für das Wesentliche. Zeitmanagement neu entdecken. München
Seiwert, L. J. (2005): Wenn du es eilig hast, gehe langsam. Mehr Zeit in einer beschleunigten Welt. Frankfurt / M.
Seitz, O. / Sacher, W. (Hrsg.) (2004): Unterrichtsstörungen. Erlangen – Nürnberg
Seyle, Hans (1990): Stress, mein Leben. Erinnerungen eines Forschers. Berlin
Sharan, S. / Shachar, H. (1988): Language and Learning in the Cooperative Classroom. New York
Slavin, R. E. (1995): Cooperative Learning. Theory, Research and Practice. 2. Aufl. Boston u. a.
Spangler, G. (2005): Kollegiale Beratung. Heilsbronner Modell. Heilsbronner Modell zur Kollegialen Beratung. Nürnberg
Sperling, J. B. / Stapelfeldt, U. / Wasseveld, J. (2003): Moderation. Freiburg
Spork, P. (2004): Das Uhrwerk der Natur. Chronobiologie – Leben mit der Zeit. Reinbek
Stanford, G. / Schreiner, G. (2002): Gruppenentwicklung im Klassenraum und anderswo. Praktische Anleitung für Lehrer und Erzieher. 3. Aufl. Aachen
Stollreiter, M. (2006): Aufschieberitis dauerhaft kurieren. Wie Sie sich selbst führen und Zeit gewinnen. Landsberg
Tausch, R. / Tausch, A.-M. (1998): Erziehungspsychologie. 11. Aufl. Göttingen / Toronto / Zürich

Tietze, K.-O. / Schulz v. Thun, F. (2003): Kollegiale Beratung. Reinbek
Trautmann, R. D. (2004): Verhaltenstherapie bei Persönlichkeitsstörungen und problematischen Persönlichkeitsstilen. Stuttgart
Trautwein, U. (2003): Schule und Selbstwert Entwicklungsverlauf, Bedeutung von Kontextfaktoren und Effekte auf die Verhaltensebene. Münster u. a. 2003
Unruh, T. / Petersen, S. (2004): Guter Unterricht. Handwerkszeug für Unterrichtsprofis. Lichtenau
Vester, F. (1998): Denken, Lernen, Vergessen. Neuauflage. München
Vester, F. (2003): Phänomen Stress. Neuauflage. München
Walen, S. R. / DiGiuseppe, R. / Wessler, R. L. (2005): RET-Training. Eine Einführung in die Praxis der Rational-emotiven Therapie. Stuttgart
Watzlawick, P. (2002): Die Möglichkeit des Anderssein. Zur Technik der therapeutischen Kommunikation. Bern
Watzlawick, P. / Beavin, J. H. / Jackson, D. D. (2000): Menschliche Kommunikation. 10. Aufl. Bern / Stuttgart / Wien
Weber, M. (2003): Beratung bei Konflikten. Wirksame Intervention in Familie und Jugendhilfe. Weinheim
Weidenmann, B. (2006): Gesprächs- und Vortragstechnik. Für alle Trainer, Lehrer, Kursleiter und Dozenten. 4. Aufl. Weinheim
Weidner, M. (2003): Kooperatives Lernen im Unterricht. Das Arbeitsbuch. Seelze-Velber
Wiechmann, J. (Hrsg.) (2006): Zwölf Unterrichtsmethoden. Weinheim
Winkel, R. (2002): Die kritisch-kommunikative Didaktik. In: Gudjons, H. / Winkel, R.: Didaktische Theorien. Hamburg. 93-112
Winkel, R. (2005): Der gestörte Unterricht: Diagnostische und therapeutische Möglichkeiten. 7. Aufl. Baltmannsweiler
Wollenweber, K. (o. J.): Unterrichtsstörungen. www.unterrichtsstoerungen.de

7.

Register

„Menschen zu helfen,
ihre selbstzerstörenden Philosophien und
irrationalen Annahmen loszuwerden,
ist ein Hauptziel des rational-emotiven
Therapeuten oder Erziehers.“

(William J. Knaus)

7. Register

**„Menschen zu helfen,
ihre selbstzerstörenden Philosophien und
irrationalen Annahmen loszuwerden,
ist ein Hauptziel des rational-emotiven
Therapeuten oder Erziehers."**
(William J. Knaus)